Nassim Ben Iman
DER WAHRE FEIND

Nassim Ben Iman

Der wahre Feind

... warum ich kein Terrorist geworden bin

LEUCHTER EDITION

Leuchter Edition GmbH · Erzhausen

Umschlaggestaltung: Peter Karliczek
Lektorat: Marion Henzler

Gesamtherstellung: Schönbach-Druck GmbH, Erzhausen

ISBN: 3-87482-514-0
Bestell-Nr.: 547.514

4. Auflage: Juli 2005

Leuchter Edition GmbH
Postfach 1161
64386 Erzhausen
Fon: (0 61 50) 97 36 - 0
Fax: (06150) 97 36 - 36
verlag@leuchter-edition.de
www.leuchter-edition.de

Inhaltsverzeichnis

Ich widme dieses Buch:

Gott, dem Herrn und König meines Lebens,
meinem geliebten Vater.

Jesus Christus, Gottes lebendigem Sohn,
meinem geliebten Erlöser.

Gott, dem Heiligen Geist,
meinem besten und geliebten Freund.

Einen Dank möchte ich an meine Frau
und meine Kinder richten sowie an alle persönlichen
Freunde und Geschwister,
die sich mit mir all diese Zeit abgemüht haben,
so dass der Herr seine Pläne mit mir erfüllen kann.

Ein unvergesslicher Tag

Es war der 11. September 2001 – ein Tag, der die Welt entscheidend prägen und verändern sollte. Arabische Terroristen hatten einen verheerenden Terroranschlag auf das amerikanische World Trade Center und das Pentagon verübt. Ein sehr sorgfältig geplanter Anschlag, wie es ihn in der Geschichte des Terrors noch nie gegeben hatte. Ein Anschlag, der, wie sich mittlerweile herausgestellt hat, weitreichende Folgen haben sollte.

Als ich diese Nachricht das erste Mal hörte, stand ich wieder einmal auf einem Flughafen – diesmal mitten in Deutschland. Ich war mit einem befreundeten Bibellehrer auf dem Weg in ein arabisches Land, um den Christen dort das Wort Gottes zu bringen und wo immer möglich das Evangelium bekannt zu machen. Wir hatten diesen Einsatz gut vorbereitet und wussten uns in der Führung unseres Herrn.

Beim Einchecken erfuhren wir, dass die Sicherheitsvorkehrungen bundesweit auf allen Flughäfen drastisch verschärft worden waren. Verspätungen waren an der Tagesordnung, und so hatte auch unsere Maschine zwei Stunden Verspätung.

Zu diesem Zeitpunkt war uns das Ausmaß des Anschlags noch gar nicht bewusst. Bruchstückhaft erfuhren wir manches aus den Gesprächen der anderen Passagiere. Vergeblich versuchten wir am Flughafen über das Internet an Neuigkeiten zu gelangen, doch das Netz war praktisch zusammengebrochen. Zugang zu Radio- oder Nachrichtensendern hatten wir dort keinen, und auch unsere telefonischen Bemühungen blieben erfolglos, weil die Leitungen völlig überlastet waren.

Da standen wir nun in der Schlange der Passagiere vor den Sicherheitskontrollen – die meisten waren offenkundig Touristen aus Deutschland, die ein arabisches Land besuchen wollten. Zwei weitere Araber und ich fielen durch unser südländisches Erscheinungsbild als Exoten in der Menge auf. Mein Aussehen, das mich eindeutig als Menschen arabischer Herkunft ausweist, schien die Sicherheitsbeamten an diesem Tag verständlicherweise ein wenig zu beunruhigen. „Was haben Sie da in der Hand?“, fragte mich der Sicherheitsbeamte, worauf ich völlig arglos antwortete: „Eine Flasche Cola.“ Der Beamte forderte mich auf, einen Schluck aus der Flasche zu trinken. „Aber ich habe gar keinen Durst“, erwiderte ich scherzend und versuchte so die angespannte Situation etwas aufzulockern. Das beeindruckte ihn jedoch gar nicht, und so bestand er mit ernstem Gesicht weiter darauf, dass ich aus der Flasche trinken solle. Da wurde mir klar, dass es besser war, seiner Aufforderung nachzukommen, und ich trank. Danach waren alle Anwesenden überzeugt, dass sich in der Flasche kein Flüssigsprengstoff befand.

Erfahrungen mit dem arabisch-israelischen Hass

Gerade als Araber hatte ich in den Jahren zuvor schon viele Sicherheitskontrollen mitmachen müssen und so war mir diese besondere Behandlung nicht fremd. Darum konnte ich gestärkt durch den Heiligen Geist relativ gelassen mit der Situation umgehen. Jedesmal, wenn ich in der Vergangenheit das Heilige Land (Israel) besucht habe, waren die Kontrollen für mich eine echte Glaubensprüfung. Immer wieder spürte ich den Hass, der zwischen Arabern und Juden herrscht – ein Hass, der sich in allen arabischen/moslemischen Nationen und zunehmend auch in den Staaten der westlichen Welt findet.

Bei einer dieser Reisen nach Israel war ich bereits vier Stunden vor dem für 11.30 Uhr vorgesehenen Abflug am Flughafen, um einzuchecken. Nach aufwändigen Befragungen zu meiner Person, die sehr genau meine Vergangenheit, Gegenwart und Zukunft beleuchteten, glaubte ich, die übliche Prozedur endlich abgeschlossen zu haben. Doch ich sollte mich geirrt haben! Die Kontrollen waren keineswegs zu Ende. Ich war erst am Anfang. Alle anderen Passagiere durften bereits den Warteraum betreten, um an Bord zu gehen, während der Sicherheitsbeamte mich zu seinem Einsatzleiter bat. Durch getönte Glasscheiben sah ich von weitem das Objekt meiner Begierde, eine Boeing, die mich ins gelobte Land hätte bringen sollen. Mein Problem bestand nur darin, dass ich mich nicht zum Flugzeug hin, sondern vom Flugzeug weg bewegte. Doch: Danket dem Herrn allezeit für alles!

Mein Bekenntnis darüber, dass ich als „wiedergeborener Araber den Fußspuren Jesu folgte", schien die Beamten nicht im Geringsten zu beeindrucken – sie wurden eher noch misstrauischer. Vergeblich hatte ich mehrfach versucht zu vermitteln, dass ich das Volk Gottes liebte, doch als Reaktion auf mein Zeugnis erntete ich nur noch stärkere Ablehnung und hasserfüllte Blicke.

Allein musste ich dem Einsatzleiter, zwei israelischen Beamten und einem Beamten des Bundesgrenzschutzes in einen kurzerhand eigens dafür eingerichteten Verhörraum folgen. Es war ein Durchgang, dessen beide Türen geschlossen wurden. Damit wurde diese kleine Kammer spontan zu israelischem Hoheitsgebiet erklärt. Welch eine Ehre – im Glauben befand ich mich noch vor allen anderen auf heiligem Boden.

Passenderweise musste ich nun meine Schuhe ausziehen. Doch leider blieb es nicht bei den Schuhen allein, auf Anweisung folgten Jacke, Pullover und zuletzt auch die Hose. Eine Stelle in der Bibel, in der es hieß: „Dies ist geheiligter Boden, zieh Schuhe und Gewand aus!“, kannte ich allerdings nicht.

Die weitere Prozedur holte mich schnell auf den Flughafenboden der Tatsachen zurück. Mein ganzes Gepäck wurde Stück für Stück untersucht und verschiedene Inhalte wurden Schnelltests auf Sprengstoff unterzogen. Es stellte sich am Ende heraus, dass der einzig explosive Inhalt in meinem Gepäck eine Zusammenstellung von Schriften einer Reihe von weltweit bekannten Extremisten und ehemaligen Mördern und Ehebrechern war, die von einem gewissen Martin Luther ins Deutsche übersetzt worden waren. Es gab aber noch kein Gesetz, das es Arabern verboten hätte, derartiges Propagandamaterial mit sich zu führen. In der ganzen manchmal bedrohlichen und überaus unangenehmen Situation erhielt ich Trost und Beistand durch das Wort Gottes und die Gegenwart des Heiligen Geistes.

Unglücklicherweise hatte die ganze Prozedur so viel Zeit in Anspruch genommen, dass die 11.30 Uhr Maschine tatsächlich ohne mich und meine deutschen Begleiter, die freundlicherweise nicht ohne mich geflogen waren, abheben musste. Die israelische Fluggesellschaft übernahm immerhin die Verantwortung für die Verspätung und bot mir und meinen Begleitern ohne weitere Kosten einen späteren Flug um 16.00 Uhr an. Derartige Komplikationen waren wie gesagt nichts Neues für mich, und so richtete ich mich eben darauf ein, mit der nächsten Maschine zu fliegen. Mittlerweile passierten die nächsten Fluggäste die Sicherheitskontrollen der Israelis – 480 an der Zahl. Ich war gar nicht so sehr erstaunt, dass außer mir niemand die gleiche Prozedur über sich ergehen lassen musste. Während wir uns alle im Warteraum aufhielten, wurde der Flug aufgrund technischer Schwierigkeiten immer wieder aufs Neue verschoben. Schließlich wollte man eine Ersatzmaschine bereitstellen, und da wir nicht länger den Warteraum besetzen konnten, wurden wir in eine gut überwachte Transithalle gebeten.

In der relativ großen Halle konnten sich die 480 Passagiere frei bewegen – mit einer Ausnahme. Und wenn Sie jetzt annehmen, dass ich diese Ausnahme war, dann haben Sie recht. Jeder meiner Schritte wurde von zwei Sicherheitsbeamten begleitet.

In einem diskreten Abstand von ca. drei Metern folgten mir zwei Gestalten mit ernstem Gesicht und verschränkten Armen überall hin. Und wenn ich sage „überall", dann meine ich auch überall. Es ließ sich ja nicht vermeiden, gewisse Örtlichkeiten aufzusuchen. Überall begegneten mir die hasserfüllten Blicke meiner Begleiter, aus deren Sicht ich ja zu ihren Erzfeinden gehörte. Ich konnte diese Blicke nur mit Verständnis ertragen und mit der Liebe Christi erwidern.

Eine freudige Abwechslung war es dann, als ich vor ihren Augen geschickt mit einer zusammengedrückten Coladose durch die gegnerische Abwehr tanzte und zwei Drittel aller Tore für meine Mannschaft schießen konnte. Um uns die Zeit zu vertreiben, hatten wir eine Ecke der Halle als Fußballfeld zweckentfremdet. Nach einer Weile fingen die wartenden Menschen an zu murren. Sie hatten Hunger und es gab dort nichts zu essen. Selbst auf Manna oder Wachteln vom Himmel zu warten wäre in einer gut abgedeckten Halle wahrscheinlich sinnlos gewesen. Später am Abend rollte auf einem Container die Erlösung in Form von Lunchpaketen heran. Sofort traten die Leute in einen hektischen Wettbewerb ein, wer als Erster das Essen erreichte. Und da stand ich nun, mittendrin. Eigentlich kann ich mich in so einer Situation gut beherrschen, aber da mir das Wort „eigentlich" zwischenzeitlich entfallen war, erlaubte ich mir eine Ausnahme.

Noch während ich lief, machte ich meine nächste Erfahrung mit dem Hass des israelisch-arabischen Konfliktes. Meine diskreten Begleiter riefen mich aus der Menge heraus und baten mich erneut zu ihrem Einsatzleiter. Dieser stellte mir mit neuem Schwung dieselben Fragen noch einmal. Und Preis dem Herrn, ich konnte ihm noch einmal Zeugnis geben. Doch irgendwie hat auch das meinem jüdischen Halbbruder nicht dazu verholfen, Jesus spontan als den wahren Messias anzunehmen.

Als ich schließlich aus dem Verhör entlassen wurde und mich endlich auch auf den Weg zum Essenscontainer machte, stellte ich mit Entsetzen fest, dass es mehr Menschen als Essen gegeben haben musste. Und ehrlich gesagt hatte mich der Herr an diesem Tag nicht auf Fasten und Beten vorbereitet. Als ich enttäuscht und mit gesenktem Haupt zu meinem Platz zurückging, kam mir lächelnd ein Bruder, der mit mir reiste, entgegen. In seiner Hand hielt er die Belohnung für mein Ausharren – zwei Lunchpakete für mich ganz allein! Er hatte die Lage erkannt und mir das Essen gesichert.

Erschöpft und übermüdet flogen wir dann um 24.00 Uhr Richtung Tel-Aviv ab. So viel dazu, was man auch vor dem 11. September schon als Araber auf einem Flughafen erleben konnte.

Doch zurück zum 11. September:

Mit über zwei Stunden Verspätung kamen wir endlich am Ziel unserer Reise an. Der Fahrer, der uns zum Hotel fuhr, konnte uns ein wenig mehr über die Geschehnisse sagen. Im Hotel angekommen, schalteten wir sofort einen Nachrichtensender ein und sahen dann die grauenvollen Bilder, die um die Welt gingen, dazu die Stellungnahmen der Politiker und Fachleute. Entsetzen wollte sich auch bei uns breit machen. Es war klar: dieser Tag würde die Welt verändern!

Wieder einmal kam Endzeitstimmung auf, und wenn man die Offenbarung des Johannes kennt, ahnt man, dass dies gar nicht so weit hergeholt war. Später erst wurde die ganze Tragweite der Ereignisse deutlich. Doch schon bald erkannte ich, dass die Welt gerade dabei war, sich in drei Lager aufzuteilen: die westliche Welt, die sich gegen den Terrorismus vereint, und die in zwei Lager geteilte moslemische Welt (insbesondere die arabischen Staaten) – einerseits das Volk, das seine religiösen und persönlichen Interessen durch den Terrorismus vertreten sieht, und andererseits die Regierungen, die zum größeren Teil versuchen, sich mit dem Westen zu verständigen.

Der Ruf nach militärischer Vergeltung wurde lauter als je zuvor. Einerseits verständlich, aber ich bin überzeugt, dass weder wirtschaftliche Sanktionen, noch militärische Gegenschläge dazu in der Lage sind, dieses Problem in den Griff zu bekommen. Grundsätzlich haben wir es hier nämlich nicht mit einem politischen, sondern mit einem geistlichen Problem zu tun.

Dabei geht es nicht in erster Linie um Araber und Israelis, Moslems und Juden oder einander entgegengesetzte Kulturen. Der eigentliche Ursprung der Probleme ist noch nicht einmal der Konflikt um Isaak und Ismael, auch wenn es für den bibelkundigen Leser vielleicht zunächst so aussehen mag. Die eigentliche Ursache auch dieses Konflikts liegt in der Rebellion Satans gegen Gott, den Herrn. Licht kämpft gegen Finsternis, die Bollwerke Satans gegen die Heerscharen Gottes … Doch Gott sei Dank ist aus diesem Kampf vor 2000 Jahren ein eindeutiger Sieger hervorgegangen: Jesus Christus, Gottes Sohn.

Diese Wahrheit ist es, die bei der gegenwärtig deutlich gewordenen Problematik viel stärker in den Vordergrund gestellt werden muss. Christen müssen lernen, durch Fürbitte die geistlichen Weichen so zu stellen, dass es Auswirkungen auf die Politik hat, auch wenn diese meist von Menschen verantwortet wird, die in der Regel nicht nach Gottes Rat fragen.

Die Bibel sagt, dass wir nicht gegen Fleisch und Blut kämpfen. Doch bedeutet dies gerade nicht, dass wir uns beruhigt zurücklehnen können. Tatsache bleibt nämlich, dass wir im Kampf stehen, auch wenn dieser Kampf nicht physischer Natur ist! **Es darf auch nicht darum gehen, einseitig für Juden oder Araber Partei zu ergreifen.** Das Gebot der Stunde ist vielmehr, dass wir es lernen, unseren Kampf auf den Knien zu kämpfen. Der einzige Weg, die Situation in den Griff zu bekommen, ist der Weg zu Gottes Angesicht und in Seine Gegenwart. Wir dürfen unser Vertrauen nicht in die Möglichkeiten der Politik setzen oder uns darauf verlassen, dass andere Christen schon kämpfen werden.

Jedes Gebet ist wichtig – auch Ihr Gebet, gerade jetzt in diesem Augenblick. Legen Sie doch dieses Buch ruhig einmal kurz beiseite und beten Sie für Araber und Juden, dass beide den Herrn Jesus erkennen. Seien Sie bereit für den Heiligen Geist und erlauben Sie ihm – wann immer Er es braucht –, auf Sie als Mitarbeiter in der Fürbitte zurückzugreifen.

Ich möchte hier mit aller Deutlichkeit herausstellen, dass die Wurzel all des Übels, das wir sehen, eine durch und durch von Neid und Hass erfüllte Persönlichkeit in der unsichtbaren Welt ist – Satan. Politische und religiöse Konflikte sind lediglich Auswirkungen tiefer liegender geistlicher Zusammenhänge. Ein gutes Beispiel hierfür ist der Rechtsradikalismus in Deutschland. Obwohl Hitler und seine Mittäter längst tot sind, hören wir heute von Übergriffen einer neuen Generation von Nazis, den Neonazis. Die Ursache hierfür ist klar – der Geist des Nationalsozialismus wurde mit Ende des Zweiten Weltkrieges nicht einfach ausgerottet und hat auch nicht an den Entnazifizierungsprogrammen der Alliierten teilgenommen. Er kann allein durch die Hand Gottes, durch das, was Jesus am Kreuz getan hat, und durch das Gebet der Heiligen gebunden werden. So können wir grundsätzlich allen globalen, nationalen, regionalen und persönlichen Konflikten am besten begegnen, indem wir geistlich auf sie reagieren. Dies geschieht durch das Wort Gottes und eine lebendige Beziehung zum Gott als Vater, zu Jesus und zum Heiligen Geist. Vor diesem Hintergrund möchte ich nun einmal folgende Fragen genauer untersuchen:

Potentielle Terroristen?

Sind alle Moslems und alle Araber potentielle Terroristen?

Ich möchte versuchen, diese Frage zu beantworten und meine Antwort auch erläutern:

Der Geist des heiligen Krieges ist ein Teil des Islam. Jeder Moslem hat darum durch seine Erziehung und sein Umfeld latent einen Geist und eine Gesinnung des „heiligen Terrors" in sich. Es verhält sich ähnlich wie beim Krebs – entsprechende Zellen sind vorhanden, müssen aber nicht unbedingt zum Ausbruch kommen. Doch wenn die notwendigen Faktoren in einer geeigneten Konstellation zusammentreffen, dann kann jeder echte Moslem, sogar der eher säkular eingestellte, zum Terroristen werden.

Faktoren, die eine solche Entwicklung begünstigen können, sind soziales Elend, Unzufriedenheit mit den politischen Verhältnissen und ein bewusster Eifer für den Islam. Wenn dann noch eine persönliche, direkte oder indirekte sehr negative Erfahrung mit Nichtmoslems hinzukommt, z. B. der Tod eines Freundes oder eines Verwandten im Nahen Osten, dann ist nur noch der Zugang zu Waffen und Sprengstoff erforderlich, um zu töten.

Glauben Sie, dass die Israelis und Palästinenser, die heute nach Frieden verlangen, wirklich zur Vernunft gekommen sind? Es mag solche geben. Grundsätzlich aber glaube ich das nicht – es ist vielmehr so, dass es keiner der beiden Parteien gelungen ist, die andere auszurotten und dass Leiden und Blutvergießen mittlerweile unerträglich geworden sind. Darum dieser Schrei nach Frieden. Wenn es den Arabern möglich wäre, Israel auszurotten, würden sie diesen Weg in jedem Fall vorziehen, das Gleiche gilt umgekehrt. Diese Aussagen treffen nach meinen Beobachtungen auf die Mehrzahl aller Moslems und Juden zu.

Ganz anders ist dagegen Gottes Sicht für Juden, Araber und überhaupt alle Menschen, wie sie in folgendem Bibelvers ausgedrückt wird:

„So sehr hat Gott die Welt geliebt, dass er seinen eingeborenen Sohn für sie gab, damit jeder, der an ihn glaubt, ewiges Leben habe.“ (Joh. 3,16).

Wen hat Gott geliebt? Die Menschen und Völker dieser Welt – Juden, Araber, Christen und alle anderen. Sie und mich eingeschlossen.

In dem Maße, wie sich das Herz eines Menschen mit Gottes Herzen vereint, ist er im Sinne des eben genannten Bibelverses mit Juden, Arabern, Christen und allen anderen Völkern der Welt verbunden und dient ihnen ohne Ansehen der Person mit ganzem Herzen. Meine Freude ist ungeteilt, wenn ich Versammlungen von Deutschen, Arabern, Indern oder aus irgendeiner anderen Nation das Wort Gottes bekannt machen kann, den Gläubigen und vor allem denen, die es werden sollen.

Das Aufregendste ist, wenn Menschen durch den Geist Gottes von neuem geboren werden oder der Heilige Geist die gute Nachricht durch Zeichen und Wunder bestätigt. Dazu ein Erlebnis, das ich einmal in Marokko hatte.

Das Regenwunder

Ein Bruder, der bei einer internationalen Missionsgesellschaft arbeitet, war im Mai 2000 mit mir nach Marokko gereist. (Aus Sicherheitsgründen wollen wir hier, wie auch an anderen Stellen des Buches, keine genaueren Angaben zu Orten und beteiligten Personen machen.) Im Dienst unseres Herrn haben wir Bücher, Lehrkassetten und Ähnliches ins Land geschmuggelt. Durch die Gnade Gottes trafen wir auf offene und zum Teil schon sehr lange vorbereitete Herzen. Moslems haben das Wort Gottes mit Freude aufgenommen und der Erlösung durch Jesus Christus geglaubt.

Es ist in diesem Staat fast unmöglich, frei über das Evangelium zu sprechen, ohne Gefahr zu laufen, die Konsequenzen in Form von Gefängnis und Folter auf sich nehmen zu müssen. Deswegen war neben den Bekehrungen die Freiheit, die wir hatten zu den Menschen zu sprechen, das größte Wunder, das wir dort erleben durften.

Während dieser Reise besuchten wir ein abgelegenes Dorf, dessen Bewohner seit mehreren Jahren keinen Regen gesehen hatten. Die Vorräte gingen zur Neige und eine Hungersnot bahnte sich an. Ich bot einem Bauern an, im Namen Jesu den allmächtigen Gott um Regen zu bitten. Als Zeichen dafür, dass der Regen kein Zufall, sondern die Antwort auf das Gebet eines einfachen Christen sein würde, sollte es genau drei Tage später regnen. Dabei wies ich ausdrücklich darauf hin, dass der Jesus, zu dem ich bete, nicht, wie im Islam behauptet, „nur“ einer der Propheten ist, sondern der Sohn Gottes selbst.

Und was denken Sie, was geschah? Gott schickte genau drei Tage später den angekündigten Regen. Halleluja!!! Sie können sich vorstellen, dass dieser Bauer mit seiner ganzen Familie gerne sein Leben in die Hände von dem Jesus gelegt hat, zu dem ich bete.

Diese Reise war zugleich der Beginn unserer Arbeit in arabischen und moslemischen Staaten. Mit dem einen Ziel – die Errettung der Seelen.

Ich hätte ein Attentäter von New York sein können

Wie zuvor bereits angedeutet, sind die Menschen in den moslemischen Ländern in der überwiegenden Zahl keineswegs über die Anschläge des 11. September bestürzt. Im Gegenteil – viele empfinden ein Gefühl der Befriedigung. Und ich habe dafür Verständnis! Nun seien Sie nicht gleich entsetzt. Ich will es Ihnen erklären.

Ich billige weder Mord noch Erpressung und versuche ganz sicher nicht, derartige Taten zu entschuldigen. Wenn ich hier von Verständnis rede, dann sage ich das vor dem Hintergrund meiner persönlichen Erfahrungen und dem Wissen um die Begleitumstände. Durch meinen eigenen Lebensweg als früherer Moslem war ich Teil einer Welt und einer Art zu denken, die sich völlig von der eines Christen oder auch eines säkularen Menschen der westlichen Welt unterscheidet. Ich glaube, dass mein eigenes Leben insofern durchaus repräsentativ ist und bei der Suche nach einer Antwort auf die Frage, inwiefern Moslems oder Araber potentielle Terroristen sind, zu helfen vermag.

Eines steht fest: Es gab Zeiten in meinem Leben, in denen ich gelebt, gedacht und gehandelt hätte wie die Attentäter vom 11. September. Das Gedankengut, aus dem solche Taten geboren werden, lebte auch in mir, und nichts hätte mich im Ernstfall davon abgehalten, selbst eines der Flugzeuge zu steuern.

Damals war ich überzeugt davon, dass ich bereit sein musste, gegebenenfalls durch Terrorismus oder ein Selbstmordattentat meinen persönlichen Beitrag zum Islam zu leisten. Was sich zu dieser Zeit in meinem Herzen und in meinen Gedanken abspielte, teilte ich niemandem mit, schon gar nicht meiner völlig unpolitisch denkenden Familie. Doch wenn ich im Fernsehen die schrecklichen Bilder von Terroranschlägen und Selbstmordattentaten betrachtete, empfand ich tiefe Befriedigung. Ich war ernsthaft davon überzeugt, dass Allah solche Taten Freude bereiteten. Obwohl ich sehr jung war und vom Inhalt politischer Konflikte wenig verstand, verspürte ich ein inneres Drängen, mich im heiligen Krieg auf der Seite der moslemischen Araber gegen Israel einzusetzen und mit den dabei üblichen Methoden und Waffen zu kämpfen.

Doch Gott sei die Ehre – inzwischen habe ich meine Waffen, Fronten und Gegner längst gewechselt … wir kämpfen nicht gegen Fleisch und Blut.

> *„Denn unser Kampf ist nicht gegen Fleisch und Blut, sondern gegen die Gewalten, gegen die Mächte, gegen die Weltbeherrscher dieser Finsternis, gegen die Geister der Bosheit in der Himmelswelt.“* (Eph. 6,12)

Mein Elternhaus hatte mich nicht in dieser Weise erzogen oder geprägt. Wie aber konnte es dann dazu kommen, dass ich derart fanatisch darauf ausgerichtet war, mich bis zum Äußersten für den Islam hinzugeben?

Die Lehre des Islam, dass ich als Märtyrer direkten Zugang ins Paradies hätte, kannte ich natürlich. Und an dieser Stelle wird einer der Hauptunterschiede zwischen dem Evangelium von Jesus Christus und dem Islam deutlich: Wer an den Tod und die Auferstehung von Jesus glaubt, Jesus als seinen persönlichen Erlöser angenommen hat und Jesus nachfolgt, dem ist die Erlösung schon heute gewiss. Eine solche Heilsgewissheit gibt es im Islam nicht, stattdessen leben die Menschen in einem Zustand permanenter Unsicherheit in Bezug auf das persönliche Heil! Wenn man die Gebote des Islam missachtet und nicht nach ihnen lebt, kommt man in jedem Fall in die Hölle – es sei denn, man stirbt den Tod eines Märtyrers. Ganz gleich, was ein Mensch an Schuld und Sünde auf sich geladen hat, nach islamischem Verständnis wird er durch den Märtyrertod erlöst.

Doch dieser angebotene Weg zur Heilsgewissheit war noch nicht einmal der ausschlaggebende Grund für meine Bereitschaft, für den Islam zu sterben. Das, was mich wirklich trieb, war ein tiefgründiger Hass gegen die Juden, von denen ich heute weiß, dass sie Gottes auserwähltes Volk sind.

In meinem Herzen war ich vom Geist des Djihad (Islamischer heiliger Krieg) beherrscht.

Ich hasste die Juden und mit geringerer Intensität auch alle anderen Nichtmoslems – obwohl ich persönlich weder Juden kannte, noch mit deren Geschichte oder Kultur vertraut war. Niemand hatte mir wirklich von den Juden erzählt, abgesehen von ein paar allgemeinen Beschreibungen, die ich als Kind in meinem Geburtsland hin und wieder gehört hatte. Darin hieß es: Juden seien unsere Feinde und Allah hasse sie. Allah habe die Juden mit Absicht so geschaffen, dass sie von Natur aus körperlich mehr stinken als andere Menschen. Man erzählte mir als Kind, ein Jude könne sich waschen und pflegen soviel er wolle, den unangenehmen, beinahe animalischen Geruch würde er nie ablegen können.

Oft wird in Politik und Gesellschaft behauptet, dass sozialer Notstand der Grund für die Bereitschaft zum Märtyrertod sei. In vielen Fällen stimmt dies aber nicht. Die Attentäter von New York und Washington und viele der potentiellen Attentäter stammen nicht in erster Linie aus verarmten Kriegsgebieten und Krisenregionen, sondern aus gesicherten Lebensumständen mitten in Deutschland, England, Kanada, Australien und den wohlhabenderen arabischen Staaten.

Der Ursprung dieser Bereitschaft zum Djihad ist und bleibt dämonischer Art, ob wir das nun wahrhaben wollen oder nicht. Diese dämonischen Kräfte existieren und wirken, ganz gleich, ob Menschen daran glauben oder nicht.

Das Land meiner Väter

Ich möchte Sie an dieser Stelle gern mitnehmen in das Land meiner Vorfahren, mein Herkunftsland, das schon lange vor meiner Geburt moslemisch geprägt war. Gehen Sie mit mir zurück in die Kultur einer Welt wie aus 1001 Nacht. Wie sieht es dort aus?

Die Zeit scheint dort in manchen Gegenden jahrhundertelang stehen geblieben zu sein. Es ist ein Land voller Gegensätze. Die vom Wind den Wanderdünen der Wüste eingehauchten Wellen gleichen den von Unterströmungen gemalten Linien des Meeresbodens an der Palmenküste. Jede Welle birgt geheimnisvolle Geschichten, die von Wind und Wasser dort hingetragen worden sind. Vom glühendheißen, weißpulvrigen Sand aus hat man einen Blick auf die scheinbar unendlichen Weiten des Meeres. Durch glasklares Wasser kann man noch Kilometer von der Küste entfernt den Meeresboden sehen. Die Tiefe des Meeres wimmelt von geheimnisvollem Leben. Der wolkenlose blaue Himmel erhebt sich über dem in verschiedenen Farben glitzernden Wasser – ein Naturschauspiel schönster Farbtöne, in denen Blau dominiert. Man könnte meinen, ein Stück des Paradieses sei hier unverändert erhalten geblieben. Sanft streicht ab und zu eine milde Meeresbrise über das Gesicht. Erinnerungen an die Geschichten von Sindbad dem Seefahrers, werden lebendig.

Nur wenige Kilometer von diesem Bild entfernt eröffnet sich eine völlig andere Welt – die Wüste, die Steppe, die Vadis (ausgetrocknete Flussbetten). Auf den ersten Blick von Leben keine Spur. Hier und da vereinzelte Sträucher, manchmal ein an einen Baum gebundener Esel irgendwo in der Weite der Steppe. Daneben vielleicht die bewohnte Ruine einer Lehmhütte, abgezäunt durch Kakteenpflanzen. Es ist kaum vorstellbar, welche Vielfalt des Lebens sich dennoch in dieser Sandlandschaft bei Temperaturen bis zu über 50 °C im Schatten verbirgt – Eidechsen, Schlangen, Skorpione und Käfer aller Art. Wenn ich heute meine Bibel aufschlage und in die Seiten des Alten Testamentes blicke und all die Beispiele der Bibel zu diesen Tieren lese, dann fühle ich mich zu Hause.

Das Leben in den Großstädten gestaltet sich anders – es ist geprägt von Hektik, Stress und schlechter Luft. Veraltete Industrieanlagen verbreiten eigenartige Gerüche über die ganze Region. Verkehrschaos beherrscht das Bild. Ampeln verschönern nur die Innenstädte, dürfen aber keinerlei Anspruch auf Eingriffe in das freie Handeln der Verkehrsteilnehmer stellen. Selbstverständlich gibt es auch Verkehrsregeln, aber wer sich daran hält, ist selber schuld. Es ist faszinierend, zu beobachten, mit welcher Kreativität die Autofahrer immer wieder neue Fahrspuren schaffen. So kann eine einspurige Straße bei Inanspruchnahme des Bürgersteigs auch mal bis zu fünf Spuren bieten.

Doch leider reichen selbst diese nicht aus, und so sind völlig verstopfte Straßen kein ungewöhnlicher Anblick. Bei sehr hohen Temperaturen und direkter Sonneneinstrahlung ist jedes Warten wirklich unangenehm und die Geduld der Fahrer entsprechend gering. Abwechslung bringen ausgiebige Hupkonzerte und aufgebrachte, unverständliche, und keineswegs wohlklingende Wortwechsel. Zwischen den altertümlichen Bauten herrscht in den engen Gassen das rege Treiben der Basare. Massen von Menschen drängen sich an den Ständen der verschiedenen Händler vorbei – unter ihnen auch Fakire, Gaukler, Märchenerzähler, Taschendiebe und Trickbetrüger.

Als Westeuropäer hat man das Gefühl, in einer völlig fremden Welt zu sein, eben einer Welt aus 1001 Nacht. Im ganzen Land, sei es in Großstädten oder Dörfern, wird das Leben stets von den Gebeten der Muezzin begleitet. In jedem Stadtviertel und in jedem Dorf gibt es Moscheen. Die lauten Gebetsaufrufe der Muezzin stehen darum meist in Konkurrenz zueinander. Dadurch, dass diese Gebete fortwährend fünfmal täglich von den Türmen der Moscheen auf die Menschen niederprasseln, findet eine permanente Zwangsbeschallung statt, und so wird selbst das Unterbewusstsein stark durch den Islam beeinflusst. In den Ohren westlich geprägter Menschen hört sich dieser Gesang schrill und unerträglich an.

Doch was für eine Religion ist der Islam, und was sind die Glaubensinhalte der Moslems?

Der Islam[1]

Der Begriff „Islam" bedeutet „Hingabe" oder „Unterwerfung" unter Gott. Ein Moslem ist jemand, der sich Gott unterwirft und den im Islam verpflichtenden Geboten Folge leistet. Nach muslimischer Auffassung wurde der Koran durch den Engel Gabriel als getreue Abschrift der himmlischen Uroffenbarung zu Muhammad herabgesandt. Der gesamte Korantext hat für Moslems göttliche Autorität. Muhammad ist der bedeutendste und letzte Prophet der Geschichte, der in einer Reihe mit Adam, Abraham, Mose und David steht und bereits von Jesus angekündigt wurde.

Muhammad („der Gepriesene") ist für Moslems der Gesandte Gottes, wenn auch nur ein Mensch. Lange nach Muhammads Tod entstand unter muslimischen Theologen die Lehrmeinung, alle Propheten der Geschichte seien sündlos gewesen, obwohl der Koran von den Propheten (auch von Muhammad) – ausgenommen von Jesus – berichtet, dass sie Gott um Vergebung für Sünde baten.

Das Leben Muhammads

Über das Leben Muhammads sind leider nur wenige historisch verlässliche Fakten bekannt. Er wurde um das Jahr 570 n. Chr. in Mekka auf der Arabischen Halbinsel geboren und gehörte zum Stamm der Quarish und zum Geschlecht der Banu Hashim.

Muhammad wurde früh Vollwaise und wuchs zunächst bei seinem Großvater 'Abd al-Muttalib auf, kam aber nach dessen Tod schon wenige Jahre später zu seinem Onkel Abu Talib. Unter den Beduinenstämmen Arabiens war im 6. Jahr-

1 Die folgenden vier Kapitel gehen auf einen Beitrag von Dr. Christine Schirrmacher zurück, der wir an dieser Stelle herzlich für die Erlaubnis zum Abdruck danken möchten.

hundert n. Chr. der Glaube an eine große Zahl von Gottheiten, Geistern und Dämonen verbreitet. Steine, Bäume und Wasserquellen galten als Sitz der Götter, und es wurden ihnen dort auch Opfer dargebracht (z. B. Tieropfer). Zumindest bei einigen arabischen Stämmen war darüber hinaus ein höchster Gott, ein Schöpfergott, bekannt, dessen Name wohl „der Gott“ (arab. al-ilah oder al-lah = der Gott, die Gottheit) lautete.

Etwa im Alter von 25 Jahren heiratete Muhammad die Kaufmannswitwe Hadija bint Huwaylid. Hadija kann als Muhammads erste Anhängerin betrachtet werden. Sie bestärkte ihn darin, dass die starken Empfindungen und Eindrücke, die ihn im Alter von etwa 40 Jahren überkommen haben sollen, nicht etwa ein Zeichen von Besessenheit waren, wie Muhammad zunächst selbst annahm, sondern Botschaften von Gott, die Muhammad seinen Landsleuten als Mahnung zur Umkehr und als Warnung vor dem Jüngsten Gericht verkünden sollte. Später kam Muhammad zu der Ansicht, es sei der Engel Gabriel gewesen, der zu ihm gesprochen und ihn aufgefordert habe, als Warner und als Prophet Gottes seinem Volk die Offenbarung Gottes „vorzutragen“ (arab. qara'a, daher Qur'an = Koran). Dabei konzentrieren sich Muhammads früheste Botschaften vor allem auf zwei Inhalte:

- „Es gibt nur einen einzigen, allmächtigen Gott,
  den Schöpfer des Himmels und der Erde.“
- „Kehrt zu diesem Gott um,
  sonst wird das drohende Gericht schnell
  über euch hereinbrechen.“

In seiner Heimatstadt Mekka erfuhr Muhammad in den ersten 12 Jahren seiner Verkündigungen (ca. 610–622 n. Chr.) viel Ablehnung und auch offene Feindschaft. Die Lage wurde schließlich für ihn so bedrohlich, dass er im Herbst 622 mit seiner kleinen Anhängerschar heimlich in die Nachbarstadt Yathrib floh (später umbenannt in: Medina) – dieses Ereignis wird als „hijra“ bezeichnet – die „Auswanderung". In Medina konnte sich Muhammad unter veränderten machtpolitischen Voraussetzungen als militärischer wie religiöser Führer seiner rasch wachsenden Gemeinde durchsetzen. Er führte seine Anhänger in zahlreiche Schlachten – vor allem gegen drei jüdische und mehrere arabische Stämme –, aus denen er mehrheitlich als Sieger hervorging.

Bis zu seinem Tod im Jahr 632 n. Chr. soll Muhammad viele weitere Offenbarungen empfangen haben. Sie wurden erst einige Zeit nach seinem Tod zu einem vollständigen Korantext mit seinen 114 Kapiteln (Suren) zusammengetragen.

Der Koran ist für Muslime das in Verbalinspiration herabgesandte Gotteswort, das in Ewigkeit Gültigkeit besitzt. Gleichermaßen göttliche Autorität hat die islamische Überlieferung (hadith), also Berichte darüber, was Muhammad und seine engsten Gefährten in bestimmten Fragen und Situationen taten. Die von muslimischer Seite als echt anerkannten Überlieferungen sind in sechs umfangreichen Sammlungen niedergelegt und haben zusammen mit den Glaubensinhalten aus dem Volksislam häufig größeren Einfluss auf das tägliche Leben eines Moslems als der Koran selbst.

Was Muslime glauben

„Es gibt keinen Gott außer Gott …“

Muslime glauben an Allah, den einzigen Gott, den Ewigen, Allmächtigen und Barmherzigen, den Schöpfer des Himmels und der Erde, und an die Sendung des Propheten Muhammad. Jeder Mensch wird sich im Jüngsten Gericht vor Gott für seinen Glauben und sein Tun vor Gott verantworten müssen. Jeder Muslim, Mann oder Frau, muss ab der Pubertät die fünf Säulen des Islam befolgen, wenn er Hoffnung auf das Paradies haben möchte.

Die fünf Säulen des Islam

1. Das Rezitieren des Glaubensbekenntnisses (shahada): „Es gibt keinen Gott außer Gott, und Muhammad ist sein Prophet.“
2. Das rituelle Gebet (salat) mit genau vorgeschriebenen Formulierungen auf Arabisch fünfmal am Tag in Richtung Mekka.
3. Die Almosen (zakat), eine etwa zweiprozentige Abgabe der Armensteuer.
4. Das 30-tägige Fasten (saum) im Monat Ramadan. Daneben gibt es die Möglichkeit, zusätzliche Fastentage zu halten.
5. Die Pilgerfahrt nach Mekka (hajj). Alle erwachsenen Moslems, Männer und Frauen, sollen einmal im Leben die Pilgerfahrt nach Mekka durchführen.

Auch wenn ein Moslem versucht, diese fünf Säulen peinlich genau einzuhalten, gibt es für ihn keine Heilsgewissheit, denn er weiß nie, ob seine guten Taten vor Gott einmal ausreichen werden. Moslems glauben, dass am Tag des Gerichts alle Menschen zu Gott, ihrem Schöpfer, „zurückgebracht“ (z. B. Sure 30,12) und ihre Taten auf einer Waage gewogen werden.

Schlechte Taten werden durch gute aufgewogen. Außer dem Koran legt die um vieles umfangreichere Überlieferung fest, was gut und was verwerflich ist. Die Überlieferung gilt ebenso wie der Koran als göttlich inspiriert und als absolut verbindlich. Zwar betont der Koran unermüdlich, dass Gott barmherzig und gnädig ist, gleichzeitig ist Gott aber in seiner Allmacht unumschränkt. Daher ist er in seiner Entscheidung völlig frei, und folglich ist sein Urteil über einen Menschen nicht vorhersagbar, denn das hieße, Gottes Souveränität einzuschränken und ihm etwas vorzuschreiben. Der einzig gewisse Weg ins Paradies führt über den Märtyrertod im „jihâd", dem kämpferischen Einsatz für Gott, denn Märtyrern verspricht der Koran den unmittelbaren Zugang zum Paradies.

„… und Muhammad ist sein Prophet"

Zum Glaubensbekenntnis gehört außer dem Bekenntnis zu Gott auch, Muhammad als Gesandten Gottes anzuerkennen. Er ist der letzte Prophet der Geschichte, das „Siegel der Propheten". Der Koran hat ein zyklisches Geschichtsbild: Muhammad hat wie alle Propheten vor ihm die stets gleichlautende Botschaft von dem einen Gott und dem letzten Gericht verkündigt.

Wenn die Menschen sich nach dem Auftreten eines Propheten wieder dem Vielgötterglauben zuwandten, sandte Gott erneut einen Propheten, der wiederum den Eingottglauben, den Islam, verkündigte. Den Islam verkündigt haben auch Adam, Abraham, Mose, David und Jesus.

Gerade von Jesus spricht der Koran häufig mit Ehrerbietung. Der Koran legt Jesus (arabisch: Isa) viele Ehrentitel, wie „Messias", „Wort Gottes" oder „Geist von ihm" bei und berichtet auch von der Jungfrauengeburt. Dennoch sind die Unterschiede zum biblischen Bericht bedeutender als die Gemeinsamkeiten: Der Koran lehnt Jesu stellvertretenden Sühnetod am Kreuz ebenso ab wie seine Auferstehung, seine Gottessohnschaft und die Dreieinigkeit.

Jesus ist im Koran nur ein Mensch, ein Prophet und vor allem ein Vorläufer Muhammads, dessen Kommen er ankündigt. Engel und gute und böse Geister (jinn) spielten bereits in vorislamischer Zeit, dann auch im Koran und heute im Volksglauben eine große Rolle, der für das tägliche Leben vieler Moslems von viel größerer Bedeutung ist als der orthodoxe Islam. Viele Moslems leben in großer Furcht vor dem Einfluss böser Geister und Dämonen, vor dem Bösen Blick und seinen Folgen, die durch Gegenzauber aufgehoben werden können. Im Volksislam begegnen uns Gräberkult und Totenverehrung, magische Praktiken und Amulette, Beschwörungen, Reliquienverehrung und Wallfahrten zu Heiligtümern.

Der Islam durchdringt alle Lebensbereiche eines Volkes, einer Familie und des einzelnen Menschen. Er vermittelt Richtlinien für den persönlichen Glauben, für die Politik und die Wirtschaft, wie auch für das Leben in Familie und Gesellschaft.

Er ist nie nur privater Glaube, sondern wird immer auch im öffentlichen und rechtlichen Bereich ausgeübt: im Fasten, der Wallfahrt, dem Almosengeben, aber auch in Ehe- und Familien- oder Erbgesetzen.

Wer ist Gott?
Koran und Bibel im Vergleich

Gott, der Schöpfer

Der wohl wichtigste Lehrsatz islamischer Dogmatik lautet: Es gibt nur einen Gott, und nichts ist ihm gleich (Sure 42,11). Dieser eine Gott ist allmächtig, ewig und allgegenwärtig. Er ist der Schöpfer aller Menschen, gleichzeitig aber hoch erhaben über die Schöpfung und seine Geschöpfe. Er ist ihr Richter am Tag des Gerichts, der „Stunde", wenn alle Menschen zu ihm „zurückgebracht" werden (10.56). Er ist jedoch nur ihr Schöpfer, nicht aber ihr Vater. Gott hat nach Auffassung des Korans keine Kinder und keinen Sohn, denn Jesus sei nur ein Mensch und Prophet gewesen. Weil Gott etwas an die Seite zu stellen („etwas beizugesellen", arab. ‚shirk') die größte Sünde überhaupt ist, lehnt der Islam die Gottessohnschaft Jesu und den christlichen Glauben an die Dreieinigkeit entschieden ab.

Gott, der Barmherzige

Während Nichtmuslime sich manchmal die Frage stellen, ob der Gott des Korans nicht als willkürlich und grausam beschrieben werden könnte, würden sich Muslime durch solch eine Äußerung missverstanden fühlen; denn der Koran betont an unzähligen Stellen, dass Gott gnädig und barmherzig ist. Jede Sure, mit Ausnahme von Sure 9, beginnt mit der Wendung „Im Namen Gottes, des Gnädigen, des Barmherzigen". In Sure 7,156 heißt es von Gott: „Meine Barmherzigkeit kennt keine Grenzen." Er begegnet den Glaubenden als Wohltäter, als ihr Beschützer, als Verzeihender, Bewahrer, Gütiger, Geduldiger, Liebreicher, Nachsichtiger und Mitleidiger. Diese und andere Namen gehören zu den „99 schönsten Namen Gottes", mit denen Gott von den Gläubigen angerufen wird. Gott, der erhabene Gott, ist nach Aussage des Koran nicht nur allmächtig, sondern auch allwissend. Er weiß um jedes Blatt, das zu Boden fällt (6,59), er ist jedem Menschen „näher als seine Halsschlagader" (50,16) und ein „Freund der Gläubigen" (3,68). Ja, der Koran spricht sogar von der Liebe Gottes (3,31). Wenn der Koran allerdings Begriffe, wie „Liebe", „Barmherzigkeit" oder „Erbarmen" gebraucht, dann immer vor dem Hintergrund, dass nach Auffassung des Islam Gott absolut transzendent und von der Schöpfung getrennt ist und ein Geheimnis bleibt. Gott offenbart sich in einem Buch – in vollkommener Weise im Koran – das er durch seinen Boten, den Engel Gabriel, den Menschen übermittelt hat, nicht jedoch als Mensch und Geschöpf.

In der Bibel dagegen offenbart Gott sich selbst, wird Mensch und Bruder des Menschen (Hebr. 2,11), Geschöpf und Brücke zu Gott. Gott, wie er uns im Koran beschrieben wird, sendet den Menschen Zeichen (16,10-14), aber er selbst bleibt verborgen, unerkannt und unerforscht. Zwischen Gott und Mensch gibt es keine Verbindung, keine Brücke, keine wechselseitige Beziehung.

Wenn der Koran beschreibt, dass Gott barmherzig ist, dann erweist er dem Barmherzigkeit, der sich ihm unterworfen hat, während der Nichtgläubige keine Gnade von ihm zu erwarten hat. Die Bibel bezeugt dagegen nicht nur, dass Gott Liebe oder Erbarmen erweist, sondern dass Gott selbst „Liebe" (1. Joh. 4,8), „Wahrheit" (Joh. 14,6), „Gerechtigkeit" (1. Kor. 1,30; 5. Mose 32,4) „Hilfe" (Psalm 40,18); „der Weg" (Joh. 14,6), „Trost" (2. Kor. 1,3), „Leben" (Joh. 14,6) und „Licht" (Psalm 27,1) ist. Gottes Liebe, die bereits innerhalb der Dreieinigkeit Ausdruck findet („Dies ist mein lieber Sohn", Matth. 3,17; „Der Vater und der Sohn sind eins", Joh. 10,30), ist Vorbild und Ursprung aller menschlichen Liebe in Ehe, Familie, Gemeinde und Gesellschaft. Die Kreuzigung Jesu ist der Höhepunkt der Feindesliebe Gottes, zu der die Bibel jeden Christen auffordert.

Gott, der Listige

Wenn Gott im Koran als der dargestellt wird, der „Ränke schmiedet" oder „Listen ersinnt", wie man auch übersetzen könnte oder es sogar von ihm heißt, „er ist voller Tücke" (13,13), dann bedeutet diese unumschränkte Allmacht, dass er sich in seinem Handeln nichts vorschreiben, damit aber auch nicht festlegen lässt – auch nicht hinsichtlich seiner Entscheidung im Letzten Gericht.

Wenn die Bibel so viel Wert auf die sich immer wiederholende Aussage legt, dass Gott wahrhaftig und die Wahrheit ist (Joh. 14,6; Röm. 3,4), dann meint sie damit auch Gottes Zuverlässigkeit: „Was Gott zusagt, das hält er gewiss" (Psalm 33,4). Gott fordert die Menschen immer wieder auf, ihn zu prüfen (Mal. 3,6 ff.), und er schwört immer und immer wieder bei sich selbst, seine Verheißungen einzuhalten. Der Koran weist immer wieder darauf hin, dass die Menschen für Gottes Güte ihm Dankbarkeit schuldig sind, denn Undank ist Unglaube. Gottes Güte und Fürsorge richtet sich gegen die, die „glauben und das Rechte tun" (Sure 2,25), aber seinen Feinden kommt Gott nicht entgegen. Er liebt nicht die Ungläubigen und Ungerechten. Das Neue Testament bezeugt dagegen, dass Gott uns schon geliebt hat, als wir noch „Feinde", „Sünder" und „Gottlose" waren (Römer 5,3-10).

Zwei Bedingungen für die Errettung: Der Glaube und das rechte Tun, also die guten Taten, die im Jüngsten Gericht auf einer Waage gewogen werden. Nur wenn im Jüngsten Gericht die guten Taten eines Menschen seine schlechten überwiegen, wird er Eingang ins Paradies finden. Damit erhalten die „guten Taten" neben dem Glauben ganz entscheidendes Gewicht. Wer wenig gute Taten tun und z. B. die fünf Säulen des Islam nicht treu erfüllen kann (Bekenntnis zu Gott, täglich fünf Gebete auf Arabisch, Fasten im Ramadan, Almosen, Wallfahrt nach Mekka), weil er arm oder behindert ist oder als Frau über kein eigenes Geld für Almosen verfügt oder die vorgeschriebenen Gebete nicht auf Arabisch kennt, der hat oft wenig Hoffnung, dass Gott ihm gnädig sein wird.

Zwar fordert die Bibel die Gläubigen auch auf, als Frucht

des Glaubens gute Werke an Glaubensgeschwistern, Mitmenschen und sogar Feinden zu tun (Gal. 6,10), jedoch sind diese Werke Auswirkungen des Glaubens und des Wirkens des Heiligen Geistes, aber nicht Vorbedingung zum Heil. Deshalb wird auch ein Christ, der niemals die Gelegenheit hatte, etwas Gutes zu tun (wie der Schächer am Kreuz), allein aufgrund seines Glaubens gerettet. Ein Christ, der wenige gute Werke tun konnte, wird ebenso „allein aus Gnaden" errettet wie der Christ, der ein vorbildliches Leben geführt hat (Röm. 5,1-2; Gal. 3,11-14).

Vertrauen auf Gott ist jedermann möglich, dem Alten, dem Kranken, dem Armen, dem, der eine bestimmte Sprache wie das Arabische oder vorgeschriebene Riten wie den Gebetsritus nicht kennt, Frauen, Männern und Kindern. Wenn im Islam die guten Taten jedoch von so großer Bedeutung sind, wer kann dann schon sagen, ob er „genug" Gutes getan hat und wie schwer vor Gott seine Sünden im Vergleich zu den guten Taten wiegen? Deshalb muss eigentlich immer die Angst und Sorge bestehen, nicht genug Gutes getan zu haben, denn jeder Mensch tut Böses. Und jeder Mensch versäumt, Gutes zu tun. Wer könnte mit einer solchen Unsicherheit wohl voll Zuversicht in den Tod gehen und Gewissheit über Gottes Vergebung haben?

Deshalb: Bei der Frage nach Sündenvergebung und Errettung liegen Möglichkeiten zum evangelistischen Gespräch mit Moslems. Wenn die Bibel uns Christen als Kinder des liebenden, himmlischen Vaters beschreibt, der für sie stets das Beste will, so wird damit sehr viel über absolutes Vertrauen, Geborgenheit und Gewissheit in der Beziehung zu Gott ausgesagt (Röm. 8,15).

„Wer ist ein Gott wie du, der Schuld vergibt und Vergehen verzeiht dem Überrest seines Erbteils? Nicht für immer behält er seinen Zorn, denn er hat Gefallen an Gnade. Er wird sich wieder über uns erbarmen, wird unsere Schuld niedertreten. Und du wirst alle ihre Sünden in die Tiefen des Meeres werfen" (Micha 7,18-19), „denn wir haben nicht einen Hohenpriester, der nicht Mitleid haben könnte mit unseren Schwachheiten, sondern der in allem in gleicher Weise wie wir versucht worden ist, doch ohne Sünde. Lasst uns nun mit Freimütigkeit hinzutreten zum Thron der Gnade, damit wir Barmherzigkeit empfangen und Gnade finden zur rechtzeitigen Hilfe" (Hebr. 4,15-16).

Weil Gott unser Versagen kennt und versöhnt, sind wir befreit vom Zwang, vor Gott nur mit guten Taten bestehen zu können. Nein, auch mit unserem Versagen nimmt Gott uns an, wenn wir ihn um Vergebung bitten. Das ist eine froh- und freimachende Botschaft – auch und gerade für Moslems.

Wir wandern aus

Von dieser Gnade Gottes wusste ich jedoch nichts. Ich hatte tiefen Respekt vor dem Allah des Koran – schon seit Generationen hing meine Familie dem Islam an. Auch in mir war, wie gesagt, eine nicht unbedeutende Hingabe an den Islam verwurzelt, und weder die politische, die kulturelle, noch die familiäre und schon gar nicht die religiöse Umgebung erlaubte es, unangenehme oder gar kritische Fragen zu stellen. Kamen Zweifel auf, wurden diese sofort verdammt – richteten sie sich doch gegen den allmächtigen Allah selbst, seinen heiligen Propheten und den Koran. Geprägt von einer Gesellschaft, die keinen Raum dafür ließ, ihre Religion zu hinterfragen, wuchs ich in dem Glauben auf, solche Zweifel wären satanischen Ursprungs.

Und dann geschah eines Tages etwas, das mein Leben verändern sollte.

Dem Antrag meines Vaters auf die Einwanderung in die Bundesrepublik Deutschland war stattgegeben worden. Die Vorbereitung vor der Ausreise gehörte zu den spannendsten Zeiten meines Lebens. Wir wussten nicht, was uns erwarten würde und was man in Deutschland bekommen konnte oder nicht. Einigen Hinweisen zufolge gab es in Deutschland weder Gewürze noch arabische Grundnahrungsmittel wie Hirse oder Harissa – ja, noch nicht einmal Olivenöl. Also deckten wir uns großzügig ein. Einer meiner Freunde schenkte mir eine Murmel, damit ich in Deutschland auch etwas zum Spielen hätte.

Uns wurde gesagt, in Deutschland würde immer Schnee liegen. Da mein arabischer Wortschatz für Schnee und Eis nur ein und dasselbe Wort kannte, öffnete ich das Eisfach in unserem Kühlschrank, um vorab schon einmal einen Eindruck von den künftigen klimatischen Verhältnissen zu bekommen. Entsetzt fragte ich mich, wie man dort leben konnte. Meinen Schock überwand ich jedoch recht schnell, denn mir fiel ein, dass man mir zuvor erklärt hatte, in

Deutschland lebe man mit beheizter Kleidung und beheizten Schuhen.

Nach sorgfältiger Vorbereitung war es dann so weit. Wir standen am Flughafen und nach den ersten Kontrollen meines Lebens bestieg ich ein Flugzeug der Lufthansa. Ich hatte noch nie zuvor ein Flugzeug gesehen und wurde zum ersten Mal mit echten Deutschen konfrontiert – den Stewardessen und Touristen.

Nach der Landung in Frankfurt fand ich mich in einer völlig anderen Welt wieder. Nie zuvor in meinem Leben hatte ich so viele farblose Menschen mit gelben Haaren gesehen. Als wir das Flughafengebäude verlassen hatten, war ich wie traumatisiert, der Temperaturunterschied betrug über 30 Grad und es war unglaublich kalt.

Sehr bald kam ich mit Schnee in Berührung, der anders aussah als ich dachte und vom Himmel fiel. Die starke klimatische Veränderung stellte eine körperliche Überforderung für mich dar. Ich bekam sofort unstillbares Nasenbluten, das nur im Krankenhaus erfolgreich behandelt werden konnte. Drei Tage konnte ich nicht schlucken. Woran ich mich auch später in Deutschland gewöhnte, an das Wetter jedenfalls nicht!

Die fremde Sprache lernte ich relativ schnell, und es dauerte auch nicht lange, bis ich Freunde fand. Lustige Erfahrungen blieben trotzdem nicht aus. Der erste Satz, den ich lernte, war:

„Ich komme aus Afrika und habe einen Elefanten." Im Rahmen einer Schulaufführung sollte ich – wie könnte es auch anders sein – den Elefantendompteur und Schlangenbeschwörer spielen. Aus Freude darüber, diesen Satz aussprechen zu können, wiederholte ich ihn trotz wiederholter Aufforderung, damit aufzuhören, während der Aufführung viel zu oft.

Dann gab es noch das „Wo bist du"-Erlebnis. Wenn man sich in meiner Muttersprache nach dem Wohlbefinden seines Gegenübers erkundigt, fragt man wörtlich übersetzt: „Wo bist du?" Es heißt nichts anderes als „Wie geht es dir?" Ich fragte einen Schulkameraden, den ich zufällig in der

Herrentoilette traf, diesen Satz: „Wo bist du?“ Sein Gesicht nach dieser Frage bleibt für mich unvergesslich! Entsetzt sah er mich von Kopf bis Fuß und wieder zurück an und antwortete mit schwächlicher Stimme: „Na hier!“ Peinlich berührt, ohne zu wissen, was ich falsch gemacht hatte und unter den fragenden Blicken aller noch Anwesenden erwiderte ich leise: „Ach so.“

Nach einem Friseurbesuch verabschiedete ich mich von den wartenden Kunden und den Angestellten mit den höflichen Worten: „Auf Wiedersehn und schlaft recht schön.“ Auf diese Weise verabschiedete sich immer das Sandmännchen von den Kindern – nur schade, dass ich den Inhalt der Worte nicht verstand. Auch war mir nicht klar, dass das Sandmännchen eine Gute-Nacht-Sendung ist. Darauf wäre ich nie gekommen, denn bei uns gehen die Kinder nicht um 19.00 Uhr schlafen, sondern dann, wenn sie müde sind, und das konnte auch mal zwischen 22.00 und 24.00 Uhr sein.

Gestört hat mich, dass ich innerhalb der Clique immer als Exot auffiel. Das Begrapschen meiner Haare, selbstverständlich ohne vorherige Frage, wenn ich z. B. mit meinen Freunden an der Ampel stand, wurde zum gewohnten Ritual. Als hätten sich alle abgesprochen, wurden die Übergriffe auf mein Haar von immer den gleichen Worten wie „ach, was sind das für schöne Locken“ begleitet. Ganz besonders nachteilig war auch die Tatsache, dass ich als Einziger sofort wiedererkannt wurde, wenn ich mit meinen Freunden zusammen etwas ausgefressen hatte.

Zwischen zwei Kulturen

Die folgenden Jahre kamen einer Zerreißprobe gleich. Ich fand mich in zwei völlig entgegengesetzten Kulturen wieder. Der arabische Esel zog in die eine Richtung, der deutsche Mercedes in die andere. Mittendrin versuchte ich meinen Platz zu finden und saß damit gewissermaßen zwischen den Stühlen!

Das war ein recht bedrängendes Gefühl. Einerseits war ich ein Teil meiner deutschen Clique, lernte, wie sie zu reden und zu handeln. Andererseits war ich aber immer noch Araber und dachte, sprach und handelte auch so. Meine Eltern bemühten sich mit allen Mitteln, mich vor dem Verfall der Moral in der westlichen Kultur zu bewahren. Sie wählten meine Spielkameraden aus und hätten durchaus, wenn es möglich gewesen wäre, grundsätzlich jegliche Art von Kontakten untersagt.

Wenn ich mich mit meinen Freunden verabredete, galten strenge Regeln. Spätestens um 18.00 Uhr musste ich zu Hause sein, wenn es vorher dunkel wurde, sogar noch früher. Zehn Minuten Verspätung wurden schon mit Prügel bestraft, und so war ich immer der Einzige, der auch die schönsten Spiele unterbrechen und nach Hause fahren musste. Schul- und Klassenfeste durfte ich grundsätzlich überhaupt nicht besuchen, weil man dort nach Meinung meiner Eltern all das lernte, was einen vom heiligen Lebenswandel des Islam abbrachte. Sie waren der Ansicht, dass auf solchen Veranstaltungen die Grundlagen für Drogen, Alkohol und andere Exzesse gelegt wurden. Während meiner gesamten Jugend rührte ich diese Dinge auch aus eigener Überzeugung und Hingabe an den Islam nicht an – selbst noch als ich längst volljährig war. Das bedeutet z. B. auch, dass ich nicht einmal ein Mädchen geküsst hatte.

Wenn meine Eltern Verbote aussprachen, die meiner Meinung nach sinnlos waren, verteidigten sie diese immer mit derselben Begründung: „Du heißt nicht Wolfgang und auch nicht Klaus. Du siehst auch nicht so aus, sonst würden wir es dir erlauben."

Offener Widerspruch, aber auch gesundes Hinterfragen der elterlichen Auffassung ist im Orient einen üble Sünde. Das sagt der Islam, und auch meine Eltern stimmten dem völlig zu. Als Leitsatz wurde uns Folgendes beigebracht: „Wenn wir sagen, die Milch ist blau, dann ist sie nur blau!"

Unzählige Male hörten wir dieselben Geschichten, die uns dabei helfen sollten, den Eltern mit der nötigen Ehrerbietung zu begegnen. So z. B. die Geschichte vom Ameisenloch:

Ein Junge (damit die Geschichte ihren Zweck erfüllte, durfte es kein Mädchen sein) wurde von seinem Vater an einen stillen Ort in der Wüste geführt. Dort sollte er lernen, seine Eltern zu ehren. Vater und Sohn setzten sich, und der Vater fing sogleich an, seinen Sohn zu lehren. Nachdem der Vater zu Ende geredet hatte, sprach der Sohn: „Vater, siehst du das Ameisenloch in der Erde? Es sind 737 Ameisen rein- und nur 432 wieder rausgelaufen."

Ein anderer Vater tat mit seinem Sohn dasselbe. Als er an derselben Stelle seine Geschichte beendet hatte, wiederholte der Sohn alles, was ihn der Vater gelehrt hatte, und versprach Vater und Mutter zu ehren und sich immer von ihnen belehren zu lassen.

Dann heißt es weiter, dass der zweite Sohn in den Augen Allahs Gunst gewann, der erste aber verflucht wurde. Eine weise Geschichte. Aber spätestens nach dem siebten Erzählen hatten wir sie auch verstanden.

Eine andere häufig erzählte Geschichte handelte von der Dankbarkeit:

Zwei Männer (auch hier durften es, damit die Geschichte ihren Zweck erfüllen konnte, nicht zwei Frauen sein) wurden von Allah mit gleich vielen Gütern gesegnet. Der eine Mann dankte Allah täglich für das, was er hatte, und Allah fügte ihm täglich hinzu. Der andere Mann listete alle seine Güter auf und fing an, täglich Allah vorzuschwärmen, wie er seinen Besitz noch vergrößern konnte. Nach und nach verlor er alles, was Allah ihm gegeben hatte. Anstatt Allah für das, was ihm noch geblieben war, zu danken, beklagte er sich bei Allah und jammerte. Schließlich nahm ihm dieser alles, so dass nur seine Bekleidung am Leib übrig blieb. Als der Mann sich darüber beschwerte, dass nur seine Kleidung übrig geblieben war, nahm Allah ihm auch das noch weg. So grub der Mann seinen Körper in einer Sanddüne ein, damit seine Blöße nicht vor einer vorüberziehenden Karawane offenbar würde. Als die Menschen an ihm vorbeizogen, verspotteten sie ihn, weil ihnen klar war, dass Allah ihn bestraft haben musste. Doch auch dieser Spott konnte weder den Stolz noch die Undankbarkeit des Mannes brechen, so dass er Allah erneut anklagte und ihn böse nannte, weil ihm nur der Sand geblieben war. Noch während er klagte, kam eine Windböe und wehte auch noch den Sand davon. Und so blieb der Mann entblößt vor der langen Karawane stehen.

Solche Lehren meiner Eltern stehen ja keineswegs im Widerspruch zu christlichen Werten, und die damit vermittelten Eigenschaften wie Gehorsam und Dankbarkeit sind mir heute von großem Nutzen. Andererseits aber missbraucht Satan die Lehre der Dankbarkeit, vor allem bei den Moslems, die ausgebeutet und unterdrückt werden. Menschen, die aufgrund ihres Glaubens an den Koran schlimme Entbehrungen erleiden, deuten ihre Lebensumstände dann als Prüfung Allahs und nehmen sie tatenlos hin. So kann nicht einmal der Gedanke aufkommen, dass die elenden Verhältnisse, in denen Millionen von Moslems leben, ein Grund sein könnten, den Islam zu hinterfragen. Man glaubt ja an einen Ausgleich im Paradies.

Obwohl wir Geschwisterkinder inmitten einer westlichen Kultur aufwuchsen, wurden wir ausschließlich arabisch erzogen, also nach allen Regeln des Islam. Alle meine Geschwister wurden nach alten arabischen Bräuchen verheiratet. Bis zu ihrer Verlobung kannten sie ihre zukünftigen Partner teilweise nur von Fotos. Ich war der Einzige, der diese Familientradition später brach, was mir bis heute noch negativ angerechnet wird.

Natürlich hatten arabische Erziehung und arabisches Familienleben auch ihre „guten“ Seiten – allerdings nur für mich als Mann. Ich rührte im Haushalt keinen Finger und wurde durch die weniger wert geltenden Geschöpfe namens Mutter und Schwester bemuttert und zur absoluten Unselbständigkeit regelrecht gezwungen. Das hatte zur Folge, dass ich noch mit über zwanzig Jahren weder ein Spiegelei braten noch Kaffee kochen konnte.

Wollte ich im kalten Deutschland mal ein warmes Bad nehmen, brauchte ich nur ein Wort zu sagen. Sofort löste mein Wunsch eine Abfolge hingebungsvoll koordinierter Arbeit unter den Frauen im Haus aus. Eine füllte die Wanne mit Wasser, nicht ohne vorher mit mir Rücksprache zu halten hinsichtlich der gewünschten Temperatur. So konnte es nachher keine Probleme mit mir geben, weil die Temperatur womöglich nicht meiner Wunschvorstellung entsprach! Je nach Stimmung konnte es dann geschehen, dass ich mich noch wunderte, warum Frauen nicht selber denken konnten, denn meine Wunschtemperatur ließ sich doch so einfach ermitteln: Sie wurde je nach Tageszeit errechnet aus der Differenz zwischen Außen- und Innentemperatur, dividiert durch den Luftdruck, multipliziert mit der aktuellen Tagestemperatur in Kairo oder umgekehrt. Eigentlich doch ganz einfach! Aber diese faulen Frauen hatten einfach keine Lust, sich selber Gedanken zu machen, und fragten mich immer wieder von neuem. Wie nervig!

Die anderen Frauen sorgten für meine Kleidung, ein frisches Handtuch usw. Nach einer Weile wurde mir etwas zu trinken gebracht und ich wurde gefragt, ob ich nun den Rücken geschrubbt haben oder lieber spielen wolle. Später wurden dann die Haare gewaschen, und zwischendurch gab es frisches Obst. Ich möchte wissen, warum meine Frau es heute nicht so gerne hört, wenn ich von den tollen Zeiten von damals erzähle. Aber ganz ehrlich gesagt glaube ich, dass Jesus diese Geschichten auch nicht so gerne hört.

Mit dieser Haltung und Erziehung erlebte ich oft üble Bauchlandungen, wenn ich mit meinen deutschen Mitmenschen zu tun hatte. Als ich als Jugendlicher meinen ersten Ferienjob in einem großen Supermarkt annahm, schockierte ich ungewollt die ganze weibliche Belegschaft und auch viele männliche Kollegen: Ein Kunde stieß versehentlich mit seinem Einkaufswagen eine Spirituosenflasche vom Regal. Die Flasche ging zu Bruch und so kam die Abteilungsleiterin zu mir und bat mich, den Boden zu wischen. Ich dachte, ich höre nicht richtig! Erstaunt sah ich sie mit meinen braunen Kulleraugen an und fragte noch einmal nach: „Sie meinen *mich?*" Meine Verwunderung wuchs noch mehr, als sie antwortete: „Ja, natürlich!" Sofort nahm ich meinen ganzen mühevoll anerzogenen arabisch-männlichen Stolz zusammen, fasste mir mutig und zugleich empört ein Herz und erwiderte: „*Sie* sind doch eine Frau und nicht ich! Warum wischen *Sie* nicht den Boden?"

Ohne ein weiteres Wort zu sagen machte sie sich davon und ging zum Pausenraum. Dort versuchte sie wohl zunächst durch Gespräche mit den anwesenden Kollegen die Situation innerlich in den Griff zu bekommen. Lange Zeit geschah gar nichts. Alles lag unberührt an Ort und Stelle und stank vor sich hin. Spuren von Einkaufswagen und Fußabdrücke der Kunden verteilten sich durch die ganze Abteilung. Ich dachte noch einmal über die Situation nach und wurde nur noch in der Überzeugung bestärkt, im Recht zu sein. Also blieb ich stur. Der Islam verbietet jeden Kontakt mit Alkohol (nicht nur das Trinken, sondern auch das Berühren), was meine unnachgiebige Haltung noch mehr stützte. Doch bald wurde mir klar, dass ich in der Gefahr stand, meinen neuen Ferienjob zu verlieren, wenn ich nicht handelte.

Meinen Stolz ablegen wollte ich nicht, aber mir fiel dann ein, dass der Islam ja auch lehrt, vorgesetzten Autoritätspersonen uneingeschränkt Gehorsam zu leisten. Da nun die deutschen Gesetze es sogar einer Frau erlaubten, eine Arbeit aufzunehmen und meine Vorgesetzte zu sein, richtete ich meinen Schrei nach Vergeltung an Allah und machte mich an die Arbeit. Ich kam mir ungemein erniedrigt und entwürdigt vor. Da ich noch nie zuvor mit so etwas wie einem Feudel Erfahrungen gemacht hatte, wurde die Katastrophe dadurch perfekt, dass ich Glasscherben und Flascheninhalt durch drei Abteilungen des Marktes verteilte.

Je länger je mehr wurde mir bewusst, dass ich meine Strategie ändern musste, um Glas und Inhalt zu beseitigen. Dann schaute ich auf die Uhr, und da ohnehin bald Feierabend war, überließ ich dieses Problem schließlich den Putzfrauen, die am nächsten Morgen kommen sollten.

In den allermeisten Fällen ähnelt das Leben der Moslems in Deutschland dem Leben in ihren Herkunftsländern sehr. Das Ausleben der eigenen Kultur geschieht unabhängig von und doch inmitten der so gegensätzlichen westlichen Welt. Unverändert werden religiöse Feste, wie der Fastenmonat Ramadan, das Pilgern nach Mekka oder das Schlachtopferfest beibehalten. In gewohnter Weise führen Moslems ihre Hausschlachtungen durch, nicht nur der Festordnung wegen, sondern auch, um eine mögliche Vermischung mit Schweinefleisch in den Geräten der deutschen Schlachtereien zu vermeiden. Oft nahm mich mein Vater mit, wenn geschlachtet wurde, und brachte mir von der Tötung bis zum Zerlegen eines Schafes alles bei, was man wissen musste. Zuerst wird die Kehle des Tieres durchgeschnitten und anschließend lässt man das Tier ausbluten – diesen Vorgang nennt man „schächten". Diese Erlebnisse waren oft recht eindrücklich und formten in mir ein sehr authentisches Bild des biblischen Opferlammes.

Von meiner Kindheit an gehörten Bilder wie diese zur Selbstverständlichkeit, und nicht im Entferntesten dachte ich dabei an Tierquälerei. Ich war so daran gewöhnt, Tiere zu töten, dass es mir nicht einmal etwas ausmachte, die sechs Wochen lang gestreichelten Kaninchen, denen ich zuvor sogar Namen gegeben hatte, selbst zu schächten. Auch mein Lieblingskaninchen „Meister Lampe" schmeckte mir vorzüglich.

Die Vermischung mit anderen, nichtmoslemischen Kulturen wird in der Regel streng vermieden. Wobei es natürlich bei nicht-religiösen Moslems durchaus zu Ausnahmen kommen kann. Praktizierende Moslems jedoch heiraten normalerweise nur die eigenen Glaubensgenossen. Sie führen nach streng moslemischen Vorgaben ihre Beschneidungsfeste durch.

Da Moslems aus vielen verschiedenen Ländern und Regionen der Erde kommen, sind durchaus von Familie zu Familie kulturelle Unterschiede zu finden, die sich im Wesentlichen jedoch auf Bräuche, Essen oder Kleidung beschränken. Weil der moslemische Glaube gemeinsame Grundlage aller dieser Kulturen ist, haben alle Moslems mehr als 80 % Gemeinsamkeiten.

Es ist oberstes Prinzip der Immigranten in den westlichen Staaten, sich nicht mit der Kultur des Westens zu vermischen, weil diese in moslemischen Augen eine ernste Bedrohung für sie darstellt. Die Gründe hierfür sind nicht von der Hand zu weisen und nachvollziehbar. Man muss sich nur vor Augen halten, dass übermäßiger Alkoholkonsum, Drogenmissbrauch, freizügige Bekleidung und Promiskuität in der deutschen Öffentlichkeit von Diskotheken bis zu Schützenfesten weit verbreitet sind.

Fälschlicherweise sind diese kulturellen Begleitumstände für Moslems gleichbedeutend mit dem Christentum. Auch die Gefühlskälte im Miteinander, die Zersplitterung der Familien, die steigende Zahl der Singlehaushalte, Altersheime und Vereinsamung sowie der fehlende Respekt gegenüber den Eltern und Alten tragen das ihre zur ablehnenden Haltung vieler Moslems bei.

Moslems ziehen sich deshalb zurück, haben Gemeinschaft nur untereinander und schaffen es auf diese Weise, ein Leben lang unvermischt mit der „antigöttlichen Kultur" zu bleiben – auch wenn das für sie bedeuten sollte, nie die Sprache zu erlernen und alle Nachteile einer fehlenden Integration in Kauf zu nehmen.

An dieser Stelle möchte ich ihnen einen Weg aufzeigen, wie sie Moslems Gottes Liebe nahe bringen können:

Gehen Sie auf Moslems zu und zeigen Sie ihnen die Wahrheit. Leben Sie Moslems echten christlichen Glauben vor. Nahezu jeder Christ in Deutschland hat Moslems in seiner Nachbarschaft und hat damit auch eine gewisse Verantwortung dafür, dass deren falsches Bild vom Christentum korrigiert wird.

Moslems lassen sich nicht durch theologisches Fachwissen oder hochgeistliche Gespräche, dafür aber umso mehr durch transparentes und glaubwürdiges Vorleben des Evangeliums vom wahren Charakter Jesu überzeugen. Als Christen können wir dadurch die Aufmerksamkeit auf Jesus und das Evangelium lenken, dass wir durch unseren Lebensstil den Unterschied zwischen wahrem Christentum und dem, was in Deutschland im Allgemeinen vorgelebt wird, deutlich machen.

Wenn Sie nicht auf Moslems zugehen, werden auch die Moslems nicht auf Sie zukommen. Es ist durchaus möglich, dass man auf Ihre ersten Schritte mit Distanz und Vorsicht reagiert. Haben Sie Verständnis für das Misstrauen, bringen Sie Geduld auf und bleiben Sie dran – und Sie werden erleben, dass die bestehenden Mauern Stück für Stück abgebaut werden.

Ein kleiner Tipp als Beispiel: Backen Sie Ihre Lieblingskekse und bringen sie diese auf einem Teller zu Ihren moslemischen Nachbarn. Vermutlich werden Sie den Teller gefüllt mit anderen Köstlichkeiten wieder zurückbekommen. Wiederholen Sie das ein paarmal, wenn es nötig ist. Dadurch schaffen Sie wichtige erste Schritte und kommen mehr und mehr ins Gespräch.

Haben Sie erst einmal eine Beziehung aufgebaut, dann werden Sie mehr in das Leben einbezogen und auch zu Festen eingeladen werden. Sie werden sehen, dass sie es häufig mit wirklich netten und warmherzigen Menschen zu tun haben. Von dem früher erwähnten Geist des Terrors in diesen Menschen ist wirklich nichts zu bemerken, dafür umso mehr echte, lebendige Freundlichkeit und Gastfreundschaft, wie sie in den hiesigen Breitengraden kaum zu finden sind.

Am besten ist es, sich ganz natürlich zu verhalten, den Türken ein Türke zu sein, den Afghanen ein Afghane usw. Zugleich aber ist es wichtig, bewusst und konsequent zu seinem Glauben zu stehen und keiner Aufforderung Folge zu leisten, die sich mit der christlichen Überzeugung nicht vereinbaren lässt. Bei moslemischen Gebetsritualen und okkulten Handlungen werden Sie sogar Respekt hervorrufen, wenn Sie ausdrücklich darauf bestehen, aufgrund Ihres Glaubens an Jesus nicht beteiligt werden zu wollen.

Anders verhält es sich bei Moslems, die bereits in Deutschland geboren und aufgewachsen sind und die dem Islam gegenüber eine mehr oder weniger gleichgültige, säkulare Haltung einnehmen. Diese nehmen durchaus an typisch deutschen Festen teil und gehen auch in Diskotheken. Aber sie sind ihren eigenen Familien und Landsleuten ein Dorn im Auge und leben wegen ihrer verschwommenen Grenzen zur westlichen Kultur nur zu häufig in Konflikten.

Sofern es sich um Jungen handelt, wird eine Entfernung vom islamischen Lebensstil nach vielen Auseinandersetzungen noch halbwegs hingenommen. Doch macht man ihnen unmissverständlich klar, dass sie den Ruf der Familie ruinieren. Sind aber Mädchen betroffen, so wird oft ein radikaler Weg gewählt, das Problem zu lösen: Sie werden ins Heimatland zurückgeschickt und dort zwangsverheiratet. Da die Mädchen es aber natürlich schwer haben, sich in die dortige Kultur zu fügen, beginnt erneut ein Leben zwischen zwei Kulturen und ein schwieriger Umgewöhnungsprozess.

Interessanterweise kann man feststellen, dass selbst die säkularen jugendlichen Moslems den Islam mit Leidenschaft verteidigen, wenn sich die Gelegenheit dazu bietet. Kaum einer von ihnen würde es hinnehmen, wenn jemand die Richtigkeit des Islam hinterfragt, und ein erschreckend hoher Anteil auch dieser Moslems sieht den Terrorismus als ein Mittel, den Islam gegen den Westen zu verteidigen. Wenn ich mit solchen Leuten spreche, weise ich gerne darauf hin, dass sie durch ihren eigenen Lebensstil nach den Regeln des Islam, den sie so vehement verteidigen, mit beiden Beinen in der Hölle sind. Wir müssen deutlich darauf hinweisen, dass nur Jesus einen antigöttlichen Lebenswandel verändern kann.

Seitenwechsel

Nachdem wir weiter oben eine Annäherung gewagt haben an die Frage, ob wirklich jeder Moslem ein potentieller Terrorist ist, wenden wir uns nun der Frage zu, ob eine Sinneswandlung möglich ist oder nicht. Lassen Sie uns noch einmal festhalten:

Terroristisches Gedankengut ist latent in jedem Moslem vorhanden.

Das Aufeinandertreffen geeigneter Faktoren kann dazu führen, dass die Voraussetzungen zur Manifestation von Terror und Gewalt im Namen Allahs geschaffen werden.

Eigentlicher Auslöser dazu sind finstere Mächte, die seit Generationen von den Herzen und Gedanken der Menschen Besitz ergreifen.

Auf die Frage, ob eine Sinneswandlung möglich ist, muss ich nach meinem Wissen und nach meiner Erfahrung mit einem eindeutigen „Nein" antworten – es sei denn …

Es sei denn …

Es gibt nur eine Möglichkeit, eine solch tiefgehende Veränderung im Herzen eines Menschen zu erfahren. Diese Möglichkeit heißt Errettung und Wiedergeburt durch Jesus Christus, Gottes Sohn. Die Bibel spricht in diesem Zusammenhang auch von einer Erneuerung des Denkens.

> *„Und seid nicht gleichförmig dieser Welt, sondern werdet verwandelt durch die Erneuerung des Sinnes, dass ihr prüfen mögt, was der Wille Gottes ist: das Gute und Wohlgefällige und Vollkommene."*
>
> (Römer 12,2)

Die Veränderung, von der die Bibel hier spricht, umfasst Erneuerung des Geistes, der Seele und der Prägungen, und vor allem bedeutet es Befreiung von allen finsteren Mächten, auch denen des Islam. Dies alles wird nur dadurch möglich, dass Moslems Jesus als ihren Erlöser annehmen und dem Geist Gottes erlauben, sich selbst und nötigenfalls ihre Umstände zu verändern. Durch den Glauben an Jesus Christus, durch die Wiedergeburt und durch die Taufe wird jeder Mensch, der in der Nachfolge Jesu lebt, verändert. Dies schließt Sie, mich und alle Menschen dieser Erde und damit auch Moslems mit ein.

Gelebtes Evangelium

Ich selbst habe genau das erlebt! Ich hörte von Jesus, nahm ihn schließlich als meinen Erlöser an und ließ mich taufen. Doch so ohne weiteres ging die Bekehrung zu Jesus und eine Veränderung des Denkens auch bei mir nicht vonstatten, es bleibt bis heute ein fortwährender Prozess.

Nachdem ich einige Jahre in Deutschland als treuer Moslem gelebt hatte, meinte ich mir ein genaues Bild von Christen gemacht zu haben. Ich ging dabei davon aus, dass alle Menschen in meinem Umfeld Christen sind – schließlich lebte ich in einem christlichen Land. Alles, was ich sah, sagte mir, dass diese Menschen Sünder waren, die Gräueltaten gegen Allah verübten. Viele lebten in Alkoholexzessen und Ehebruch, wenn auch nicht immer offensichtlich, so doch häufig genug deutlich erkennbar. Die Art, wie sie Feste feierten, Zeltfeste, Dorffeste und Schützenfeste erinnerte mich an Sodom und Gomorra. Immer wieder, wenn wir an warmen Tagen als Familie aus dem Fenster schauten, erschraken wir über die Art der Bekleidung mancher Frauen – so wenig Stoff für so viel Körper.

Aber es gab auch positive Erlebnisse. Eines Tages besuchte ich einen Klassenkameraden, um mit ihm zu spielen. Als ich an der Tür klingelte, öffnete mir eine freundliche Frau, die auf mich irgendwie „anders“ wirkte. Sie war die Mutter.

„Ach, du bist es!“, sagte sie.

„Wieso bin ich es? Woher kennen Sie mich?“, fragte ich.
Freundlich lächelnd sagte sie: „Du bist doch hier schon bekannt wie ein bunter Hund.“

An solche Bemerkungen hatte ich mich längst gewöhnt und nahm es ihr deshalb auch nicht übel. Beim Betreten des Hauses empfand ich eine Atmosphäre, die ich bis dahin nicht kannte. Heute würde ich sagen, es war die Gegenwart Gottes. Es lief keine laute Musik, der Fernseher war aus, und es gab keinen Stress, sondern eine Art von Frieden, den ich so noch nicht empfunden hatte, nicht einmal in der Ruhe der Wüste. All die Jahre, in denen ich diesen Freund immer wieder besuchte, war es derselbe auffällige, unerklärliche Frieden.

Im Laufe der Zeit war ich darüber aufgeklärt worden, dass es gläubige Christen und Namenschristen gibt. Mir war klar geworden, dass es offensichtlich nicht ausreichte, christlich erzogen zu werden und in einer christlich geprägten Gesellschaft aufzuwachsen. Diese Familie vermittelte mir: **Christ zu sein in Form eines lebendigen Glaubens bedeutet, eine Beziehung zu Gott als dem Vater durch Jesus zu haben und in einer freundschaftlichen Beziehung mit dem Heiligen Geist zu stehen.**

Die Familie meines Freundes lebte diese Wahrheit überzeugend aus. Nie war ich missioniert worden, nie wurde ich bedrängt, an Jesus glauben zu müssen. Man lebte diese Dinge einfach nur und betete, wie ich heute weiß, jahrelang für mich. Hier liegt wohl die eigentliche Ursache, warum es mich immer wieder zu dieser christlichen Familie hinzog. Die erste Konfrontation mit dem Wort Gottes hatte ich durch eine persönliche Widmung meines Freundes in meinem Poesiealbum (ja, so etwas hatte ich tatsächlich): Jesus spricht: „Ich bin der Weg, die Wahrheit und das Leben.“ Ich wunderte mich, warum alle so nette Gedichte schrieben, nur mein Freund so ein sinnloses Zeug. Ich dachte immer wieder: „Na gut, wenn Jesus das spricht, dann soll es mir recht sein.“ Weiter darüber nachgedacht habe ich allerdings nicht.

Begegnung mit Folgen

Eines Tages traf ich einen jungen Beamten vom Bundesgrenzschutz, der von seinem nur formal christlichen Elternhaus aufgefordert worden war, sich für diesen Jesus oder für die Prinzipien seiner Familie zu entscheiden. Er entschied sich für Jesus und wurde deshalb von seinen Eltern rausgeworfen. Seitdem lebte er in der Familie meines Freundes als Untermieter.

Bei unserer ersten Begegnung waren wir zum Schwimmen verabredet. Auf dem Weg zur Schwimmhalle zeigte er mir eine christliche Zeitschrift mit Berichten über Hexerei und Okkultismus in Deutschland. Er erzählte mir, dass er nicht an der Wahrheit dieser Dinge zweifelte. Das war auch meine Meinung. Eines meiner ersten schockierenden Erlebnisse in Deutschland hatte ich, als ich merkte, dass es hier Menschen gibt, die nicht an die Existenz Gottes glauben und damit natürlich auch nicht an den Teufel, Engel oder Dämonen. Man hatte mir oft gesagt, dass viele hier nur glauben, dass ein Pfund Gemüse eine gute Suppe ergibt. Mit anderen Worten, sie sind völlig materialistisch eingestellt, die Dinge der unsichtbaren Welt spielen für sie keine Rolle. Ich dachte, Menschen müssten töricht sein, nur an das zu glauben, was man sehen kann.

Allerdings beschloss ich auch ziemlich früh, nicht über meine persönlichen Erfahrungen in meinem Geburtsland zu sprechen. Ich wollte nicht, dass man mich für verrückt erklärte. Mit diesem Vorsatz brach ich jedoch bei besagter Begegnung. Ich redete frei und offen über meine Erfahrungen, und der junge Beamte glaubte mir jedes Wort. An diesem Abend zogen wir im Wasser nur zwei Bahnen, den Rest der Zeit verbrachten wir am Beckenrand mit Gesprächen über Jesus und den Glauben. Als ich mich an dem Abend verabschiedete, dachte ich, dass dieser junge Mensch wirklich aufrichtig sei und dass Allah mich deswegen gebrauchen werde, ihn zum Islam zu führen. Doch es sollte anders kommen. Gott sei Dank.

Von da an vergingen über vier Jahre, in denen wir immer

wieder über Fragen des Glaubens sprachen. Diese Gespräche fanden manchmal zwei- bis dreimal in der Woche statt und zogen sich oft über mehrere Stunden hin. Jedesmal, wenn ich mit einem Sack voller Argumente und Erzählungen, die davon berichteten, dass der Islam der richtige Weg sei, zu ihm hinging, kam ich mit zehn Säcken an Zeugnissen und Berichten über das, was Jesus Christus tat, und über die Wahrheit des Evangeliums wieder nach Hause.

Meistens fanden diese Gespräche bei ihm am Küchentisch statt, auf dem immer eine karierte Tischdecke lag. Jedesmal, wenn ich die horizontalen Linien der Decke betrachtete, sah ich Abgrenzungen und Barrieren darin. Und immer wieder hatte ich das Bild (die Vision) eines Gartens auf der Tischfläche vor Augen. Zu meiner Seite hin glich der Garten einem widerlichen, moderigen Schlammboden, der sich zu meinem Freund hin von Linie zu Linie in einen herrlichen, prachtvoll blühenden Garten verwandelte. Bei jedem Treffen erkannte ich, wie ich immer mehr dieser Hürden übersprang und mich auf seine Seite zu bewegte. Ich dachte noch, dass ich – falls es so weiterginge – eines Tages ganz auf seiner Seite ankommen würde.

Und so war es dann auch. Gott sei die Ehre! Wir hatten jeder unseren festen Platz an dem Tisch einander gegenüber und hatten nie die Seiten getauscht – bis zu jenem Tag, an dem sich mein Leben verändern sollte:

Das Haus meines Freundes war voll von jungen Christen. Der junge Beamte saß auf dem Platz, auf dem ich sonst immer saß, und der einzige Platz, der noch frei war, war der, an dem er zu sitzen pflegte, wenn wir uns über das Evangelium unterhielten. Ich setzte mich also dorthin, wo ich gemessen an meiner Vision auf der Tischdecke nicht hinkommen wollte.

An diesem Tag ging ich gerade durch eine schwere Krise und mir war irgendwie klar, dass ich nur mit Jesus weiterkommen konnte. Inzwischen hatte ich allerdings Jesus gegenüber so viel Respekt aufgebaut, dass ich ihn nicht einfach für meine Zwecke missbrauchen wollte. Mich nur in meiner Not an ihn zu wenden und ansonsten mein eigenes

Leben weiterzuleben, wäre nicht fair gewesen. Das war mir klar.

Also beschloss ich schließlich, Jesus mein ganzes Leben zu geben – aber natürlich nicht vor allen Anwesenden. In der Hoffnung, der Freund würde mit mir in einen Nebenraum gehen, um gemeinsam mit mir ein Gebet zu beten, durch das ich Jesus als Herrn und Erlöser annehmen wollte, flüsterte ich ihm über den Tisch hinweg leise zu: „Das mit Jesus, ich will es jetzt machen. Ich will ihm mein Leben anvertrauen."

Keineswegs leise, sondern auffällig laut rief dieser Freund mitten ins Getümmel: „Halleluja, alle mal herhören! Nassim will endlich sein Leben Jesus geben." Das war alles andere als ruhig, höflich und dezent. Trotzdem kniete ich vor versammelter Mannschaft nieder und nahm Jesus als Herrn für mein Leben an. Ich glaube, dass Gott in seiner Liebe und als Auswirkung der lang anhaltenden Fürbitte diesen Tag speziell für mich vorbereitet hat. Vor all diesen Zeugen sagte ich mich vom Islam und allem, was damit zusammenhing, los.

Ein neues Herz

Doch meine innere Verwandlung geschah nicht über Nacht. Ich erlebte die Veränderung meines Sinnes und das Abwenden meines Herzens vom Terror als einen fortwährenden Prozess. Der deutlichste Beweis meiner Herzensänderung war meine Einstellung gegenüber den Juden. Früher hasste ich alle Juden, verabscheute sie und wollte sie töten. Heute liebe ich sie, bete für sie und bin aus tiefstem Herzen dankbar, dass Gott dieses kostbare Volk ausgewählt und am Leben erhalten hat.

Wie ging nun dieser fortwährende Prozess vonstatten? Ich lernte, Gott zu suchen und ihm zu begegnen. Ich machte meine Erfahrungen mit Jesus und mit meinem besten Freund, dem Heiligen Geist. Ich habe Gott immer besser kennen gelernt, sehnte mich nach tieferen Begegnungen mit seiner Liebe und erlebte, wie Gott diese Sehnsucht stillte.

Werde ich heute gefragt, ob sich mein Gottesbild geändert hat, dann sage ich, „zwar nur in einigen Punkten, aber dafür sehr entscheidend“. Als Moslem glaubte ich, dass Allah der allmächtige Gott ist, der Schöpfer von Himmel und Erde, dem nichts unmöglich ist. Diese Erkenntnis wurde aber um das Wissen erweitert, dass alles, was Gott zulässt oder tut, ein Resultat seiner Liebe ist; und der willkürliche und unnahbare Gott des Islam ist mir zu einem Gott des Evangeliums geworden und damit auch zu einem persönlichen Vater und Freund, der mir in jeder Lebenslage näher ist als der Schlag meines Herzens.

Der Text des folgenden Liedes beschreibt gut, was ich heute für Gott empfinde:

Ewiger Vater, Herrscher und König,
Schöpfer der ganzen Welt, allmächtiger Gott.
Du bist der Heilige, vollkommen Reine,
Herr über alles, und doch nennst du mich Freund.

Heimliche Liebe

Die ersten sechs Jahre nach meiner Bekehrung hielt ich meine Beziehung zu Gott vor meinen Eltern verborgen. Mit Hilfe eines Walkman lernte ich nachts heimlich die Grundlagen des biblischen Lebensstils. Meine Bibel versteckte ich gut vor meiner Familie. Gott bereitete mich in dieser Zeit auf den Dienst, den ich heute als Prediger und Evangelist für den Herrn ausübe, vor. Die Zeiten meiner persönlichen Begegnung mit Gott waren intensiv und brachten sehr vielfältige Konsequenzen mit sich. Unter anderem war da dieser denkwürdige Tag:

Ich hatte gerade meinen christlichen Freund besucht, war wieder nach Hause gekommen und betrat das Wohnzimmer meiner Familie. Noch während ich stand, wurde ich mit der Frage begrüßt: „Glaubst du noch an Gott (Allah)?" Ich weiß nicht, wer diese Frage in das Herz meines Vaters gelegt hatte, aber ich wollte um jeden Preis Konfrontation vermeiden und suchte nach einer diplomatischen Antwort. Schließlich erwiderte ich: „Ich glaube an den Schöpfer des Himmels und der Erde, aber dass der Koran sein Wort sein soll ..." An der Stelle brach ich ab und suchte nach Worten, was aber im gleichen Moment überflüssig wurde, weil mit einem Schlag meine gesamte Familie vor mir stand. Sie schrieen mich an, verfluchten und beschimpften mich. Tränen flossen über die Wangen meiner Eltern und Geschwister. Nach einer kleinen Weile beruhigten sie sich wieder und sagten mir dann, sie hätten gespürt, wie der Geist Mohammeds in ihnen gegen meine Äußerungen aufgestanden war. Alle hatten kollektiv dasselbe Empfinden gehabt.

Zur Erklärung muss ich erwähnen, dass es im Volksislam eine Überzeugung gibt, Mohammed habe sich einmal seinen Unterarm aufgeschlitzt, ein Haar von sich in die Wunde gelegt und während dieses Rituals beschlossen, dass alle Moslems in bestimmten Situationen das Gleiche empfinden sollten. Ich frage mich heute, was alles passiert wäre, wenn ich zu früh von meiner Bekehrung zu Jesus als Gottes Sohn erzählt hätte.

Der Heilige Geist selbst offenbarte mir das Wort Gottes, so dass ich es zu leben und verstehen lernte. Eine interessante Erfahrung machte ich mit der Stelle aus Markus 11,23, wo es heißt: „Wer zu diesem Berg spricht: ‚hebe dich empor und werfe dich ins Meer!' und glaubt, was er sagt und zweifelt nicht, so geschieht, was er gesagt hat." Einige Tage bevor ich diese Stelle las, fuhr ich durch die Schweiz. Ich hatte daher genau gesehen, wie so ein Berg aussieht. Und so wie ich es auch zuvor im Islam gewohnt war, glaubte ich der Bibel als dem Wort Gottes sofort und ohne Zweifel. Heimlich schlug ich Purzelbäume in meinem Zimmer, ballte vor Freude meine Fäuste und freute mich über die Autorität, die Gott mir als seinem Kind gegeben hatte.

Tatsächlich gab es da auch einen „Berg" in meinem persönlichen Leben, auf den ich diese neue Erkenntnis aus dem Wort Gottes sofort anwandte. Und voller Freude erzählte ich meinen Freunden dann auch schon drei Tage bevor es eintraf von der Erhörung meiner Gebete. Die Beziehung zu Jesus, Gott, meinem Vater und Herrn und dem Heiligen Geist erfüllt mich immer wieder mit unbändiger Freude. Am treffendsten beschreibt folgendes Lied meine Verfassung in solchen Augenblicken:

Ich tanz herum und singe auch,
verrückt für meinen König.
Nichts und niemand hindert mich,
denn ich liebe dich, denn ich liebe dich.
Und ich werde immer noch verrückter als bisher!
Man sagt mir, ich sei durchgedreht,
und ich werde immer noch verrückter als bisher.

Selbstverständlich kam irgendwann der Zeitpunkt, an dem ich meinen Eltern reinen Wein einschenken musste und ihnen von meiner Bekehrung zu Jesus erzählte. Ich konnte es deswegen tun, weil Gott mir die Kraft gab, mich zu Jesus zu stellen. Außerdem stand ich mittlerweile auf eigenen Beinen und war von der Unterstützung meiner Familie unabhängig geworden. Danach jedoch kam es aufgrund dieser Entscheidung immer wieder zu Verfolgung durch die Familie – ich wurde beschimpft, beleidigt, bespuckt usw. – im Grunde das „normale“ Verhalten einer moslemischen Familie, die ihren Sohn an Jesus abgeben durfte.

„Vor diesem aber werden sie ihre Hände an euch legen und euch verfolgen, in dem sie euch an die Synagogen und Gefängnisse überliefern, um euch vor Könige und Statthalter zu führen, um meines Namens willen (Lukas 21,12).

In dieser Zeit wurde mir neben der Vergebung die Fürbitte für meine Familie besonders wichtig. In diesen Zeiten des Betens für meine Familie machte ich einige zum Teil recht komische Erfahrungen mit dem Heiligen Geist.

So schloss ich mich eines Nachts in den Räumen meiner Gemeinde ein, um Jesus für die Errettung meiner Mutter zu bitten. Wie ich so vor Gott stand, bewegte der Geist Gottes mich dazu sehr intensiv, ja leidenschaftlich für mein Anliegen zu beten. Ich schrie, weinte und flehte vor dem Angesicht Gottes. Zeitweise lag ich auf dem Bauch und jammerte und bettelte, während ich zugleich um mich trat und schlug. Ich muss wie eine Mischung aus Säugling, unerzogenem Kind und verrücktem Irren ausgesehen haben. Mir aber war es völlig egal, wie „blöd“ ich dabei aussah, und außerdem beobachtete mich ja sowieso keiner – dachte ich. Plötzlich jedoch öffnete sich die Tür des Raumes, in dem sich diese Szene abspielte. Ein Bruder, der selbst einen Schlüssel hatte, stand vor mir.

Erschrocken sah er mich einige Sekunden an und sagte kein Wort. Genauso erschrocken sah ich ihn an und sagte fast noch weniger als kein Wort. Direkt vor meiner Nase waren seine Füße. Nach quälend langen Sekunden tat sich endlich etwas. Er stammelte. Verstört fragte er, ob ich noch etwas brauchte. „Äh, äh“, stotterte ich zurück, ohne meinen Körper auch nur einen Millimeter zu bewegen. Er sagte darauf nichts mehr, ging leise hinaus und schloss die Tür. „O Gott“, dachte ich, „wie peinlich!“ Ich fragte mich, ob das wirklich von Gott geführte Fürbitte war.

„Nassim", sagte ich zu mir, „du musst jetzt wieder normal werden, das ist ja mehr als bescheuert." Ich dachte, ich hätte nun alle Grenzen der Vernunft weit überschritten und wäre in ungöttliche, ungesunde emotionale Entgleisungen gefallen. Sicherlich, so glaubte ich, hatte Gott das alles gar nicht gewollt. Nirgendwo in der Bibel stand doch etwas wie „werde bescheuert in der Fürbitte vor dem Angesicht des Herrn". Aber, Preis dem Herrn, brachte dieses Lächerlichmachen noch in derselben Nacht seine Frucht. Genau zu der Zeit, als ich mir so bescheuert vorkam, erschien Jesus selbst meiner Mutter in einem Traum.

Von Gott ergriffen

Die Herrlichkeit, die in mein Leben gekommen war, berührte nach und nach auch meine Familie. Eines Tages, als ich in einem Dachbodenzimmer alleine den Herrn anbetete, erfüllte diese Herrlichkeit spürbar das ganze Haus. Frei von allen äußeren Umständen ließ ich mich in die Arme Gottes fallen und lobte den Herrn von ganzem Herzen, weil ich annahm, allein im Haus zu sein.

Da öffnete mein Vater die Tür des Hauses und betrat den Flur. Er wurde so von der Herrlichkeit Gottes ergriffen, dass er stundenlang weinte, ohne zu verstehen, wer oder was ihn so berührte und was mit ihm geschah. Er wusste noch nicht einmal, warum er so weinte. Kurze Zeit später bekehrte er sich und ließ sich taufen. Im Laufe der Zeit machten dann noch weitere Mitglieder meiner Familie Erfahrungen mit Jesus und wurden wiedergeboren.

Immer wieder hatte ich intensive und ganz reale Erlebnisse mit Jesus, wenn ich Zeit mit ihm verbrachte. Und manchmal erlebe ich die Gegenwart des Herrn wirklich auf sehr ungewöhnliche Art und Weise. Eines Tages konnte ich – ganz versunken in der Gegenwart Gottes – während meiner Gebetszeit frisch gebackenes Brot, mit Olivenöl bestrichen, riechen. Da ich wusste, dass meine Mutter oft Brot auf diese Art backte und zubereitete, wollte ich meine Gebetszeit unterbrechen, um etwas davon zu essen. Da ich aber diese kostbare Gegenwart des Heiligen Geistes nicht verlieren wollte, bat ich Ihn, mit mir in die Küche hinunterzugehen. Im ersten Moment war ich enttäuscht, weil meine Mutter mir sagte, dass sie gar kein Brot gebacken hatte. Doch dann verstand ich, dass wir es durchaus wörtlich nehmen dürfen, wenn in der Bibel geschrieben steht, dass wir den Herrn auch fühlen, riechen und schmecken können.

„Schmeckt und seht, dass der Herr gütig ist! Glücklich der Mann, der sich bei ihm birgt!" (Psalm 34,9)

Solche Erfahrungen mache ich allerdings nicht dann, wenn es mir gefallen würde, sondern eben nur so oft Gott es mir schenkt. Grundsätzlich gilt nämlich, dass wir im Glauben leben. Jedesmal, wenn wir zu Gott gehen, ist er präsent, obwohl wir meistens nichts dabei empfinden. Es ist eine Handlung des Glaubens.

Einmal erfüllte mir der Herr in seiner Barmherzigkeit und Gnade einen großen Wunsch. Ich wollte so gern einmal seine Stimme akustisch, also mit meinen natürlichen Ohren wahrnehmbar, hören und bat ihn darum. Während ich in seiner Gegenwart war, rief er mich dann zu meiner großen Überraschung mehrmals bei meinem Namen. Der Klang seiner Stimme, wie ich sie hörte, ist mit menschlichen Worten kaum zu beschreiben. Ein großer Chor sanfter Stimmen oder sanftes Plätschern von Wasser sind ein annähernder Vergleich. Johannes beschreibt es in seiner Offenbarung so:

> *„Und ich hörte etwas wie eine Stimme einer großen Volksmenge und wie ein Rauschen vieler Wasser und wie ein Rollen starker Donner.“* (Offenbarung 19,6)

Der wahre Feind

Wie bereits zuvor erwähnt, hatte ich vor meiner Entscheidung mit Jesus zu leben Gefallen daran, zu sehen, wie der islamische Terror die Welt in Angst und Schrecken versetzte. Es war mein Wunsch, selbst ein Teil davon zu werden, weil ich ernsthaft überzeugt war, Allah würde es gefallen, wenn Menschen in seinem Namen getötet werden. Wie unglaublich froh bin ich heute, inzwischen eine andere Perspektive bekommen zu haben und zu wissen, dass geistlicher Kampf sich niemals gegen Menschen richtet. Auch die Entstehung des Nahostkonflikts reicht weiter zurück und hat tiefere Wurzeln, als es uns in den Medien vermittelt wird.

Dass Israel Gottes Volk ist, wie es die Bibel sagt, ist vor allem unter Christen sehr gut bekannt und wird von vielen akzeptiert. Die Entstehung des Volkes geht auf Abraham, dessen Sohn Isaak und dessen Sohn Jakob zurück. In 1. Mose 32,29 lesen wir von einer Begegnung, die Jakob mit Gott in Gestalt eines Engels hatte. Der Name „Betrüger“ oder „Fersenhalter“ passte nun nicht mehr zu Jakob, so dass Gott ihm von da an den Namen „Israel“ gab, was soviel bedeutet wie „Du hast mit Gott gekämpft“ oder „Kämpfer Gottes“.

Dieser Name Israel ging später auch auf die aus Jakob hervorgegangenen zwölf Stämme über, die dann das Volk der Juden – Israel – bildeten. Gott hat sich trotz aller Turbulenzen und Untreue Israels zu diesem Volk gestellt und beschlossen, aus dessen Mitte den Retter der Menschheit zur Welt zu bringen – Jesus. Dies tat er gerade deshalb, weil das Volk Israel das schwächste unter allen Völkern war (5. Mose 7,7). Gott sagt, dass er das Schwache der Welt erwählt hat und dass er in den Schwachen mächtig ist (1. Korinther 1,27-28 und 2. Korinther 12,9). Er wollte damit auch seine Fürsorge und Liebe gegenüber den Schwachen demonstrieren.

Jesus seinerseits entschied sich dazu, sich selbst zu erniedrigen und Mensch zu werden, um die Menschheit zu erlösen. Diese Erniedrigung wurde nicht nur durch den Ort seiner Geburt, einen stinkenden Stall in Bethlehem, deutlich, sondern eben gerade auch dadurch, dass er das schwächste Volk wählte, um darin geboren zu werden. Die biblische und die jüngere Geschichte belegen ein und dasselbe: Israel steht immer wieder siegreich gegen Nationen, die alle dasselbe Ziel verfolgen – die Ausrottung und Vernichtung des Volkes. Es wirkt fast komisch, wenn man sieht, mit welch zahlenmäßiger Unterlegenheit Israel immer wieder Siege für sich verzeichnen konnte. Ein Beweis der Treue Gottes gegenüber diesem Volk.

Ich habe oft die Erfahrung gemacht, dass Christen und Nichtchristen in ihrer Haltung zum Nahostkonflikt klar Partei für die Israelis ergreifen. Doch kann dieses Eintreten so weit gehen, dass politische und militärische Vorgehensweisen ungerecht bewertet werden. Es ist gut, zu Gottes Volk zu stehen, doch darf dabei nicht darüber hinweggesehen werden, dass es Fälle gibt, wo auch Israel versucht, auf ungerechten und ungöttlichen Wegen seine Ziele zu erreichen. Ebenso wenig, wie bei Gott der Zweck die Mittel heiligen kann, heiligt die Tatsache der göttlichen Erwählung Israels deren fragwürdige Vorgehensweise (oder die ihrer Verbündeten) gegen die Araber. Dabei brauche ich wohl kaum noch einmal zu betonen, dass die Vorgehensweise der Araber gegen Israel mindestens ebenso ungerecht und gottlos ist. Beide Völker schenken einander nichts und liefern das anschaulichste Beispiel, dass ohne den Friedefürsten Jesus Christus und die Beachtung seiner Gebote keine Gerechtigkeit vor Gott oder gegenüber Menschen möglich ist.

Die Tatsache, dass Christen ungeachtet des konkreten Verhaltens in diesem Konflikt einseitig für Israel Partei ergreifen, ist den Arabern natürlich ein Dorn im Auge. Christen spiegeln damit den Arabern das Bild des „ungerechten Jesus“ wider, der die Israelis bevorzugt. Einen solchen Jesus will kein Araber annehmen und ihm nachfolgen.

Die Lösung des Problems liegt darin, Juden und Araber gleichermaßen zu lieben und anzunehmen. Vor Gott gibt es spätestens seit Golgatha keinen Lieblingsmenschen und kein Lieblingsvolk mehr. Alle Menschen sind gleich geliebt und angenommen. Zum einen gibt es da den Leib des Christus und zum anderen die Menschen, von denen Gott hofft, dass sie Jesus als Erlöser annehmen und dem Leib des Christus hinzugetan werden – darin sind alle Menschen eingeschlossen (vgl. Galater 3,27-28).

Wer sind die Araber?

Die arabischen Völker stammen ebenfalls von Abraham ab. Bevor Isaak geboren wurde, der Vater Jakobs (Israels), wurde Ismael geboren (vgl. 1. Mose 16). Ursprünglich war die Geburt Ismaels nicht im Plan Gottes vorgesehen, aber aufgrund seiner freundschaftlichen Beziehung zu Abraham und seines Bündnisses mit ihm beschloss Gott, auch Ismael zu segnen. Die Nachkommen Ismaels sollten ebenso wie die Isaaks nicht zu zählen sein (1. Mose 16,10). Ganz grundsätzlich nahm Gott Ismael auch deshalb an, weil er alle Menschen liebt und annimmt, ganz gleich, ob sie in der Familienplanung vorgesehen waren oder nicht. Kein einziges Kind, das im Mutterleib heranwächst, wird von Gott abgelehnt, gleichgültig, ob dies unserer humanistischen Denkweise, die allein die Interessen des Menschen in den Mittelpunkt stellt, entspricht oder nicht.

Hagar (arabisch, bedeutet „Flucht“) ist die Mutter Ismaels. Bevor sie Abrahams Frau wurde, war sie Sarais und Abrahams Magd. Zwischen Sarai und Hagar waren Spannungen aufgetreten, woraufhin Hagar in die Wüste floh. An einer Wasserstelle mit dem Namen, der übersetzt heißt „Brunnen des Lebendigen, der mich sieht“, hatte sie eine Begegnung mit Gott.

Wasser steht hier symbolisch für Leben, und Gott beschloss, Hagar und dem noch ungeborenen Sohn Leben zu geben und sie nicht in der Wüste verdursten zu lassen. Ismael bedeutet auch, „Gott hat erhört“, also geholfen, eingegriffen oder gerettet. Es ist wichtig, festzuhalten, dass auch Ismael von Gott angenommen ist und von Gott persönlich seinen Namen erhielt (1. Mose 16,11).

Ismaels Geschichte spricht auch für die atemberaubende Gnade Gottes mit den Menschen, die er trotz ihrer Fehltritte annimmt und ihnen hilft, wenn sie in ihren Nöten zu ihm schreien. In 1. Mose 16,12 lesen wir jedoch zunächst von der Unruhe, die sowohl Isaaks wie auch Ismaels Nachkommen treffen sollte. Dort ist die Rede von Streitigkeiten und wie Ismael seinen Brüdern trotzen wird. Die Erfüllung dessen sehen wir heute täglich in den Nachrichten.

In 1. Mose 21,8-21 lesen wir die bewegende Geschichte der Vertreibung Hagars und Ismaels. Abraham legte Hagar einen mit Wasser gefüllten Schlauch auf den Rücken, gab ihr das Kind und schickte sie in die Wüste. Dies war damals wie heute ein klares Todesurteil. Als die Mutter mit ihrem Sohn in der Wüste umherirrte, ging ihnen das Wasser aus. Damit war ihr Ende abzusehen. Gott jedoch ließ sie nicht sterben. Noch einmal bestätigte der Herr, dass er auch Ismael angenommen hatte, und rettete ihn und seine Mutter erneut. Ein zweites Mal versprach Gott dem Ismael unzählige Nachkommen (1. Mose 21,18).

Im 20. Vers des 21. Kapitels lesen wir:

> *„Und Gott war mit dem Knaben. Der wuchs heran und wohnte in der Wüste und wurde ein guter Schütze.“*

Bei der Beerdigung Abrahams trafen sich Ismael und Isaak am Grab ihres gemeinsamen Vaters Abraham, dem Diener und Freund Gottes, wieder. Dies ist die Hoffnung, die in meinem arabischen Blut lebt: Am Grab, also am Kreuz und in der Wiederauferstehung von Jesus Juden und Araber vereint zu sehen, die ihren gemeinsamen Erlöser Jesus Christus anbeten und vor Gott, dem Herrn, ihrem gemeinsamen Vater, stehen.

Gott war also mit und nicht gegen den Vater der Araber, so wie er auch mit Isaak war. So sollten auch alle anderen Völker gleichermaßen mit und für Juden und Araber sein. Denn wie zuvor bereits erwähnt, gibt es seit Golgatha nur noch die Einteilung in Menschen, die entweder zu Jesus gehören oder nicht. Damit relativieren sich die Privilegien der Juden und Araber. Heute besteht das wahre Volk Gottes aus Menschen, die an Jesus glauben und ihm nachfolgen.

Zu der Diskussion über die territorialen Angelegenheiten im Nahost-Konflikt kann ich nur noch einmal auf das Wort aus 1. Mose 16,12 hinweisen: „... er wird wohnen seinen Brüdern zum Trotz."

Sind Araber und Moslems also Gottes Feinde?

Ja und Nein! Ja insofern, als sie den Gott der Bibel, der sich als unser Vater offenbart, und seinen Sohn Jesus ablehnen. Die Bibel sagt klar, dass eine solche Haltung Feindschaft gegen Gott ist. Aber nein in dem Sinne, als es sich hier nicht um eine Feindschaft und Ablehnung in Kenntnis der Wahrheit handelt. Sie sind so in Satans Betrug verstrickt, dass sie noch nicht einmal ahnen, dass sie lediglich ein Spielball finsterer Mächte sind. Sie sind verblendet und gefangen durch die Stricke des Islam. Ob Terroristen oder nur potentielle Terroristen – alle sind gleichermaßen ohne den Glauben an Jesus verloren und haben keine Perspektive, die Ewigkeit in der Herrlichkeit Gottes zu verbringen. Aber dasselbe gilt auch allen anderen Menschen, die nicht an Jesus glauben – seien es Araber oder nicht, ob ihnen diese Wahrheit nun intolerant vorkommt oder nicht.

Ich betone noch einmal:

In Wahrheit geht es nicht um Araber gegen Juden, Ismael gegen Isaak, sondern Satan ist es, der Unwissende immer wieder missbraucht, Zerstörung, Leid und Not zu bringen. Satan und seine verdammten Dämonen sind die wahren Feinde Gottes und der Menschheit. Genau diese Mächte waren es auch, die mich als Anhänger des Islam dazu bewegten, den Terror zu lieben.

Es geht nicht um Araber gegen Juden, Ost gegen West, Arme gegen Reiche, sondern um Satan gegen Gott und dessen Schöpfung. Satan ist der wahre, zerstörerische Feind, der Vater allen Terrors.

Wofür ich heute lebe

Schon lange vor meiner Bekehrung zu Jesus, in der Zeit, als ich durch meinen Freund so viel vom Evangelium hörte, begann ich bereits, anderen, die in Not waren, zu sagen, dass Jesus der Einzige wäre, der ihnen weiterhelfen konnte. Ich selbst wollte Jesus jedoch noch nicht annehmen.

Mein Herz hatte schon die Wahrheit erkannt, mein Verstand aber versetzte mich durch die finsteren Mächte des Islam in Angst und Schrecken. Ich dachte immer nur: „Was würde Allah mit mir anstellen, wenn ich mich dem Christentum zuwende?" Außerdem wollte ich weder mein Volk, meine Familie, noch meinen Allah verraten, den ich auch irgendwie liebte.

Zwischen dem Zeitpunkt, an dem ein Mensch beginnt, mit dem Herzen zu glauben, und dem Zeitpunkt, an dem er mit dem Mund bekennt, kann durchaus eine Zeitspanne vergehen. So war es jedenfalls bei mir. Als ich schließlich anfing, die Notwendigkeit der Erlösung zu verstehen (aber mich noch nicht bekehren wollte), erkannte ich gleich und sagte es auch meinem Freund, dass es doch Menschen geben müsse, die in die anderen Länder der Welt gingen, um den Menschen diese Botschaft zu bringen.

Ich wollte in meiner Unwissenheit den Evangelisten und den Missionar erfinden. Mein Freund klärte mich schnell darüber auf, dass Jesus auch schon den gleichen Gedanken hatte und allen, die ihm nachfolgen, in Markus 16,15 den Auftrag gegeben hatte:

„Geht hin in alle Welt und predigt das Evangelium der ganzen Schöpfung. Wer gläubig geworden und getauft ist, wird gerettet."

Als ich mich sehr viel später bekehrte und auch öffentlich zu Jesus bekannte, brannte von dem Zeitpunkt an ein Feuer und ein Verlangen in mir, die volle Liebe Gottes, die im Evangelium bekannt gemacht wird, den Menschen bis an die Grenzen der Erde zu bringen.

Gott zu lieben bedeutet für mich auch Gott zu dienen. Um dem Herrn meine Liebe auszudrücken, singe ich ihm ein Lied, schreibe ihm ein Gedicht oder predige sein Wort.

Der blinde Mann

Im Rahmen eines moslemischen Festes, der „Nacht der Macht“, ging ich eines Tages, als ich noch nicht wiedergeboren war, mit meiner Familie zum Friedhof, um die toten Verwandten zu besuchen. Heute denke ich, die Lebenden könnten es besser gebrauchen!

Am Eingang des Friedhofs saß ein alter, glatzköpfiger Mann, der bettelte. Er war blind. Ich sah ihn an und bemerkte, dass er bei dem kühlen Wind, der wehte, nur ein dünnes Hemd trug, das quer über den Rücken einen Riss hatte. Bei diesem Anblick packten mich unbeschreibliche innere Schmerzen.

Ich war damals noch ein kleiner Junge, aber bis heute empfinde ich die gleichen Schmerzen, wenn ich kranke, bettelnde oder behinderte Menschen sehe. Jahre nach meiner Bekehrung offenbarte mir der Herr, dass er mich jeweils nur einen kleinen Teil dessen empfinden ließ, was er selbst für diese Menschen fühlt. Das volle Maß der Schmerzen und des Mitleidens würde ich nie ertragen können.

Diese Empfindungen halten das Verlangen in mir, Menschen das Evangelium zu bringen, immer wach. Ohne diese Bürde kann ich nicht mehr leben. Hunger und Durst sind erträglicher als die ungestillte Last für den Missionsauftrag und die Verkündigung seines Wortes.

Diesen Ruf hat der Herr tief in mein Herz eingeprägt und im Laufe der Zeit immer wieder durch Geschwister bestätigt. Heute versuche ich den Einfluss und die Machenschaften Satans zu bekämpfen, wo immer ich kann.

Gottes vorlaufende Gnade

Ich glaube, dass Gott schon vom Beginn meines Lebens an meine Berufung vorausgeplant hat. Womöglich hatte er folgende Gedanken: „Kommt mein Volk dem Missionsbefehl nicht nach und bringt das Evangelium nicht den Menschen im Islam, dann müssen die Menschen des Islam eben zum Evangelium gebracht werden!“

So beschloss er, auch mich nach Deutschland zu bringen und mich zu Jesus zu führen, damit ich zurückgehen und meinem Volk und auch anderen Völkern der Welt die Wahrheit predigen kann.

Meine Beobachtungen bestärken mich in der Ansicht, dass Satan solche Menschen, die von Gott für die Errettung oder gar für eine besondere Aufgabe berufen sind, frühzeitig erkennen kann. Und dass Gott in seiner vorlaufenden Gnade diese Menschen seinerseits zu bewahren weiß. Das würde jedenfalls unter anderem die ungewöhnlichen Beinahunfälle erklären, die ich vor meiner Bekehrung erlebte.

Wo ist der Kater?

Als wir noch in meinem Geburtsland lebten, lagen wir nachts, wie es damals bei uns üblich war, gemeinsam mit fünf Familienmitgliedern auf einer Doppelmatratze. Der Raum, in dem wir uns befanden, war mit einer Tür verschlossen, die hoch über dem Boden angesetzt war. Jeder Besucher aus der Wüste wie Eidechsen, Geckos usw. konnte uns durch den so entstehenden Spalt ungefragt besuchen.

Wir achteten darum sorgfältig darauf, unsere Wohnung von Schlangen und Skorpionen freizuhalten, was uns auch meistens gelang – mit wenigen Ausnahmen!

Eine der Ausnahmen, an die ich mich heute noch erinnere, ist folgende:

Eines Morgens, nachdem wir aufgestanden waren, fanden

wir an der Türschwelle vor unserem Schlafraum eine tote Schlange. Wir erschraken und wunderten uns sehr, wie diese dort hingekommen sein konnte. Dann schafften wir die sehr giftige Schlange beiseite und wollten kurz darauf unserem schönen, von allen geliebten weißen Kater sein Frühstück geben. Wir riefen und riefen, aber er kam nicht wie üblich zum Fressen. Als wir ihn zu suchen begannen und dabei auch unseren großen Innenhof durchkämmten, fanden wir den Kater tot auf einem Sandhügel. Sein Fell war von fast dreißig Bisswunden, die ihm die Schlange zugefügt hatte, durchsetzt. Eigentlich hätte ein Biss dieser Schlange gereicht, um den Kater nach wenigen Augenblicken zu töten – er jedoch kämpfte, bis die Schlange tot war, und suchte sich anschließend einen Ort, um zu sterben. Wir hatten wohl einen ungewöhnlich tiefen Schlaf in jener Nacht, so dass wir von dem Kampf nichts mitbekommen haben. Der Herr hatte jedoch dafür gesorgt, dass niemand von uns getötet wurde.

Der Tod unter dem Kopf

In sehr heißen und schwülen Sommernächten schliefen wir oft im Innenhof unter freiem, klarem Himmel. Manchmal muss der Herr dabei besonders nahe gewesen sein und uns bewahrt haben. So jedenfalls beurteile ich das heute nach meiner Bekehrung.

Nachdem wir wieder einmal unter freiem Himmel geschlafen hatten, wurde ich von meiner Mutter geweckt. Sie hob mich von meinem Schlafplatz hoch und erschrak zutiefst. Meine Hände lagen gefaltet unter meinem Kopf, der auf dem Kopfkissen war. Eingebettet zwischen dem Kissen, meinen Händen und meinem Hals hatten sich zwei Skorpione der giftigsten Art verkrochen – ohne mir den tödlichen Stich zu versetzen.

Als Kinder haben wir gelernt, dass mit Skorpionen nicht zu spaßen ist. Man erklärte uns, dass Skorpione die Menschen, die sie stechen wollen, nicht sehen können. Sie nehmen nur das im Körper des Menschen pulsierende Blut wahr, wenn sie sich in der Nähe eines Menschen befinden. Der Mensch wird von den äußerst angriffslustigen Tierchen je nach Situation als Beute oder als Bedrohung angesehen und gestochen. Doch wieder hatte mich der Herr übernatürlich am Leben erhalten. Es war ein Wunder!

Ich bin überzeugt davon, dass Gott immer wieder auch in das Leben der Menschen eingreift, die ihn noch gar nicht als ihren persönlichen Freund und Retter kennen gelernt haben.

Auch in der Bibel können wir von einer solchen Begebenheit lesen:

Gott greift vorher ein

Ein Mann war von Geburt an blind. Jesus sah ihn, strich ihm etwas Schlamm auf die Augen und schickte ihn an den Teich Siloah, wo er sich waschen sollte. Sehend kam er zurück, ohne zu wissen, dass es der Sohn Gottes ist, der ihn geheilt hatte. Vor den religiösen Lehrern seiner Zeit, die Jesus eine Falle stellen wollten, musste er sich verantworten. Er entgegnete ihnen mit den Worten: „Ob dieser Mensch ein Sünder ist, weiß ich nicht. Was ich weiß, ist, ich war blind und kann jetzt wieder sehen." Ohne zu wissen, wer dieser Jesus überhaupt war und welche Bedeutung er im Leben eines Menschen haben sollte, gab er Zeugnis über das erlebte Wunder.

Bei einer weiteren Begegnung mit Jesus fragt dieser ihn: „Glaubst du an den Sohn des Menschen?" (Joh. 9,36) und offenbart sich ihm daraufhin mit den Worten: „Du hast ihn gesehen!" (womit er meinte „bereits gesehen, aber nicht als Sohn des Menschen bzw. Sohn Gottes identifiziert") und „der mit dir redet, der ist es" (Johannes 9,37). Daraufhin erkannte der Geheilte die wahre Identität von Jesus, betete ihn an und beschloss ihm nachzufolgen.

Ebenso wie dieser Blinde oder ich selbst haben noch viele andere Menschen auf der ganzen Welt und in allen Jahrhunderten beeindruckende, ungewöhnliche und vielleicht sogar mehr oder weniger unglaublich klingende Erlebnisse mit

Gott gehabt, ohne zu erkennen, dass Gott selbst der Urheber dieser Wunder war. Wir sehen daran, dass es möglich ist, dass Menschen Gott erfahren, unabhängig davon, ob sie in enger Beziehung mit ihm leben oder nicht.

Doch diese Wunder waren ohnehin **nicht** der eigentliche Grund, warum ich mich entschieden habe, Jesus nachzufolgen und als Christ von neuem geboren zu werden!

Der entscheidende Faktor, der wahres Christsein davon unterscheidet, nur innerhalb westlich-christlicher Kultur, dem Islam oder jeder anderen Religion aufzuwachsen und zu leben, ist der, dass nur in der persönlichen Beziehung mit Jesus echte, tiefgreifende und vor allem bleibende Veränderung des inneren Menschen möglich ist.

Wichtige Fragen

Zwei wichtige Fragen an Sie

Weil ich selbst diese Veränderung genauso real erfahren habe, wie sie in der Bibel beschrieben wird, möchte ich Sie an dieser Stelle fragen:

Haben Sie eine persönliche Beziehung zu Jesus?
Sind Sie von neuem geboren?

Wenn Sie diese Fragen nicht klar mit ja beantworten können, dann könnte dies der Augenblick werden, der Ihren Lebensweg bis in alle Ewigkeit entscheiden wird.

In Johannes 3,3 lesen wir: „Wahrlich, wahrlich, ich sage dir: Wenn jemand nicht von neuem geboren wird, kann er das Reich Gottes nicht sehen."

Gott möchte mit Ihnen eine persönliche Beziehung eingehen, und durch Jesus ist dies möglich.

Gott will, dass Sie sein Kind werden.

„So viele ihn aber aufnahmen, denen gab er das Recht, Kinder Gottes zu werden, denen, die an seinen Namen glauben" (Johannes 1,12).

Und Ihre Fragen?

Immer wieder sagen Menschen: „Wenn Gott wirklich existiert und angeblich gut sein soll, warum lässt er dann all die Nöte, Krankheiten und Kriege zu?"

Als Gott Engel und Menschen schuf, hat er ihnen, wie auch uns Menschen, eine wichtige Eigenschaft mitgegeben – die Fähigkeit, sich für oder gegen etwas zu entscheiden. Schon Ewigkeiten vor Erschaffung der Menschheit hatten die Engel diesen freien Willen. Sie konnten Gott aus eigenem Entschluss heraus anbeten und lieben oder auch nicht. Einer der Engel machte von dieser Wahlmöglichkeit in negativer Weise Gebrauch und entschloss sich eines Tages dazu, Gott nicht mehr anzubeten. Er rebellierte gegen Gott und trachtete danach, Gott gleich zu sein. Er wollte seinen Thron höher bauen als den Thron Gottes, und statt den Herrn anzubeten wollte er selbst von anderen Engeln angebetet werden. Daraufhin wurde er von Gott wie ein Blitz vom Himmel auf die Erde gestürzt (vgl. Jesaja 14,12-14; Hesekiel 28,11-19).

Den anderen Engeln, obwohl von ihm geschaffen, ließ Gott ebenfalls die Wahl, ihm oder dem rebellierenden Engel, der hinfort Satan genannt wurde, zu folgen. Rund ein Drittel aller Engel, so eine verbreitete Überzeugung unter Christen, entschieden sich dafür, Satan zu folgen, woraufhin auch sie aus dem Himmel vertrieben wurden und bis heute in der Welt als dämonische Mächte aktiv sind.

Doch Satan mitsamt seinen Dämonen wird eines Tages völlig beseitigt werden (Offenbarung 20,10). Schon jetzt hat Jesus uns durch sein Blut mit Kraft und Autorität ausgerüstet, damit wir gegen diese dämonischen Mächte angehen und sie ihrerseits uns nichts anhaben können (Offenbarung 12,11; Lukas 10,19 u.a.).

Später lesen wir im 1. Buch Mose von der Erschaffung des Menschen. Der Mensch wurde nach Gottes Ebenbild und somit zur crème de la crème der Schöpfung gemacht – also sehr gut! Und auch der Mensch bekam seinen freien Willen. Es stand in seiner Wahl, Gott anzubeten, ihm zu glauben und zu vertrauen oder nicht. Doch bereits der erste Mensch vertraute Satans Worten mehr als Gott, nahm von der Frucht eines Baumes im Garten Eden, die ihm ausdrücklich verboten war. Er aß davon und starb einen geistlichen Tod. Der Mensch hatte seine Beziehung zu Gott verloren. Adam räumte durch diese Tat des Ungehorsams Satan Herrschaft über den Menschen ein. Satan nutzte das sofort aus und fing an, alles dem Menschen von Gott Gegebene zu zerstören – angefangen beim Menschen selbst, bis hin zur Natur. Er zerstörte den Frieden, die Gesundheit, die Vernunft und fast die ganze Welt.

Was war der Grund dafür, dass Gott einen Baum machte, der solche Folgen mit sich bringen konnte?

Dieser Baum war eine beständige Erinnerung an die Freiwilligkeit des menschlichen Gehorsams. Sobald der Mensch Gott nicht mehr folgen oder seinen Worten nicht mehr glauben wollte, konnte er von dem Baum essen, was er schließlich ja auch tat. Das ist die Erklärung allen Übels: Satan zerstört mit der freiwilligen Zustimmung des Menschen! Menschen wie Hitler und viele andere, die Gottes Gebote nicht akzeptieren oder absichtlich ignorieren, können der gesamten Gesellschaft Schaden zufügen. Wenn man Gottes Wort nicht kennt und nicht hören will und ihn bei persönlichen Entscheidungen nicht nach seiner Meinung fragt, kann man ihm hinterher auch nicht vorwerfen, dass alles schief gelaufen ist. Zudem leiden Menschen oft nicht nur unter den Folgen ihres eigenen Fehlverhaltens, sondern können zudem davon betroffen sein, dass bereits die Eltern oder andere Menschen falsch und gottlos gehandelt haben.

Warum ist die Frage, wen wir anbeten, so entscheidend für das Schicksal jedes Einzelnen und der gesamten Menschheit?

Gott hat alle Menschen so geschaffen, dass sie durch die Anbetung, die sie ihm bringen, selbst mit Liebe erfüllt werden. Gott wollte mit den Wesen, die er geschaffen hatte, zusammensein und sie mit seiner Liebe nur so überschütten. Die Sehnsucht danach hat er in den Menschen hineingelegt, und in dieser Hinsicht hat sich der Mensch nicht verändert. Auch heute können wir nicht wirklich ohne Liebe, Zuwendung und Zärtlichkeit leben.

Viel wichtiger ist allerdings die Tatsache, dass sich auch bei Gott diesbezüglich nichts verändert hat. Er will uns auch heute noch mit seiner Liebe beschenken. Aber er zwingt uns nicht dazu, diese Liebe anzunehmen. Wir haben dieselbe freie Entscheidungsmöglichkeit wie Satan, die Engel und die gesamte Menschheit. Sie allein entscheiden, ob Sie diese Beziehung zu Gott wollen oder nicht, ob er Sie lieben soll oder nicht.

Wenn Sie sich diese Liebesbeziehung zu Gott wünschen, dann müssen Sie wissen, dass es einen Preis gekostet hat, diese Beziehung zwischen rebellischen Menschen und dem heiligen Gott wieder zu ermöglichen: das Blut und Leben von Jesus Christus.

Ohne das Blut von Jesus Christus sind auch Sie wegen der ursprünglichen Sünde im Garten Eden und wegen Ihrer eigenen Sünden nicht in der Lage, Gottes geliebtes Kind zu werden. Die Heiligkeit Gottes und Ihr eigenes Herz verhindern, dass Sie zusammenkommen können.

Wenn Sie jedoch gerade entdecken und jetzt glauben, dass Jesus für Sie persönlich gestorben ist, um Ihnen Ihre Sünden zu vergeben, Sie mit Gott zu versöhnen und Ihnen gerade jetzt ein völlig neues Leben zu schenken, das bis in alle Ewigkeit besteht, dann beten Sie jetzt:

> *Jesus, du hast mein Leben von Anfang an gesehen. Ich habe viele Fehler und Sünden begangen. Bitte vergib mir meine Sünden und schenke mir ein neues, ewiges Leben. Komm in mein Herz und sei du der Herr meines Lebens. Danke für deinen Tod am Kreuz auf dem Hügel Golgatha und dass du dein Blut und Leben für mich gegeben hast. Lieber Gott, du bist jetzt mein Vater. Danke, dass ich dein Kind geworden bin. Bitte erfülle mich nun auch mit deinem Geist.*

Wenn Sie dieses Gebet ernsthaft gebetet haben, hat in Ihrem Leben soeben eine grundlegende Veränderung stattgefunden. Selbst wenn das nicht sofort nach außen sichtbar wird, lassen Sie sich bitte nicht entmutigen. Jesus hat Ihr Gebet erhört.

Die Bibel sagt: „Daher, wenn jemand in Christus ist, so ist er eine neue Schöpfung; das Alte ist vergangen, siehe, Neues ist geworden" (2. Korinther 5,17).

Nun noch ein persönlicher Rat: **Lesen Sie die Bibel. Verbringen Sie jeden Tag Zeit persönlich mit Gott im**

Gebet und verbringen Sie auch Zeit mit anderen Menschen, die wie Sie Jesus nachfolgen.

Ich will gleich jetzt anmerken, dass auch auf dem Weg als Christ Enttäuschungen und Verletzungen nicht ausbleiben werden. Selbst durch andere Christen können wir enttäuscht werden, was dann besonders schwer fällt. Ich denke, das hängt damit zusammen, dass wir als Christen aneinander höhere Erwartungen haben als an Menschen, die Gott nicht wirklich kennen. Aber so wie Gott durch Jesus uns vergeben hat, haben auch wir den klaren Auftrag, einander jederzeit zu vergeben.

Einen weiteren Auftrag, den Jesus uns gab, ist, Menschen, die von neuem geboren worden sind, zu taufen. Vielleicht denkt nun der eine oder andere: „Umkehr zu Gott gut und schön, aber warum Taufe?"

Eines der heftig umstrittenen Dinge in der Gemeinde unserer Tage ist die Frage, ob eine Taufe nach biblischem Vorbild wirklich notwendig ist. Ich meine hier die neutestamentliche Art der Taufe, für die sich nur solche entscheiden können, die zuvor gläubig geworden sind. Was ich nicht meine, ist die „Säuglingsbesprengung", die allein aufgrund elterlichen Beschlusses durchgeführt wird.

Worin liegt der Unterschied?

Bei der Taufe wird der komplette Körper eines gläubig gewordenen Menschen unter Wasser getaucht als sichtbares Zeichen für den Tod und die Auferstehung Jesu. Das Untertauchen symbolisiert das Sterben und das Heraufholen die Auferstehung des Gläubigen. Wie kann eine Beerdigung durch Besprengung mit Wasser dargestellt werden? Niemand wird nur mit seinen Haaren beerdigt, auch nicht Jesus. Als er die 3 Tage im Grab lag, betraf das seinen ganzen Leib.

Und der Glaube daran, dass sich diese Ereignisse tatsächlich abgespielt haben, drückt sich in der Taufe des Gläubiggewordenen aus.

„Oder wisst ihr nicht, dass wir, so viele auf Christus getauft wurden, auf seinen Tod getauft worden sind. So sind wir nun mit ihm begraben worden durch die Taufe in den Tod, damit, wie Christus aus den Toten auferweckt worden ist

durch die Herrlichkeit des Vaters, so auch wir in Neuheit des Lebens wandeln" (Römer 6,3-4).

Einen interessanten Hinweis auf die Taufe und ihrer geistlichen Bedeutung finden wir in der Geschichte des Auszugs des Volkes Israel aus Ägypten (nachzulesen in 2. Mose 12).

Das Volk hatte nach einem harten Kampf gegen die Sturheit des Pharao und nur durch Gottes Hilfe endlich den Tag des Auszugs erreicht. Der Pharao kann im übertragenen Sinn auch als Sinnbild für Satan gesehen werden, der die Menschen nicht zu Jesus und damit zu ihrer Wiedergeburt ziehen lassen will. Aber er kann niemanden zurückhalten, der ernsthaft unter Fürbitte dem Ruf Jesu folgt.

Nachdem Israel sich aufgemacht hatte, aus Ägypten herauszugehen und in das verheißene Land zu ziehen (Kanaan), gab der Pharao jedoch keineswegs Ruhe, sondern lehnte sich erneut gegen Gottes Pläne auf. Diesmal schickte er seine Soldaten hinter ihnen her. Die ausziehenden Hebräer hatten nun wahrlich keine gute Perspektive, vor ihnen das Meer, hinter ihnen die Soldaten des Pharao. Schachmatt. Kennen Sie diese Situation aus Ihrem eigenen Leben?

Aber seien Sie beruhigt. Gottes Schachregeln beziehen seine absolute Liebe und seine übernatürlichen Fähigkeiten mit ein. Kurzerhand teilte er das Meer, und das Volk ging trockenen Fußes mitten hindurch. Als die Soldaten ihnen folgen wollten, flossen die Wasser wieder zusammen und die Soldaten ertranken kläglich. So wie Pharao sinnbildlich für Satan steht, stehen seine Soldaten für Satans Dämonen, die Mächte der Finsternis. (Ich weiß, es ist schwer, in der westlichen Welt aufzuwachsen und noch an die Existenz von Dämonen zu glauben. Nur, auch durch Ignorieren verlieren diese Mächte nicht ihren Einfluss und ihre Kraft. Es gibt sie auch mitten in Deutschland und nicht nur irgendwo in Afrika.)

„Denn unser Kampf ist nicht gegen Fleisch und Blut, sondern gegen die Gewalten, gegen die Mächte, gegen die Weltbeherrscher dieser Finsternis, gegen die Geister der Bosheit in der Himmelswelt" (Eph. 6,12).

Die Soldaten des Pharao (sinnbildlich für Dämonen) hatten die Aufgabe, das Volk Israel in der Gefangenschaft in

Ägypten zu halten, zu knechten und zu quälen. Kurz nach Auszug des Volkes änderte sich jedoch ihre Aufgabe. Nun waren sie dazu bestellt, unter allen Umständen zu verhindern, dass das Volk das Land Kanaan erreichte. Können Sie nun erkennen, warum die Taufe von so großer Bedeutung ist und warum dem Teufel jede Taufe und jede Bekehrung ein Dorn im Auge ist?

Aber freuen Sie sich! Wenn Sie durchs Meer hindurchgegangen sind, werden Sie feststellen, dass die Soldaten alle ertrunken sind. Es gab keine Kampfschwimmer.

Sie sind wirklich **f r e i !!** Satans Versuch, Sie nach Ägypten zurückzuholen, ist sozusagen ertrunken. Bleiben Sie in der Nachfolge Jesu, damit Sie Ihren Platz an der Sonne mitten in Kanaan genießen können. Er kann Sie nicht mehr zurückholen. Ergänzend will ich noch hinzufügen, dass wir in der Seelsorge immer wieder feststellen, dass es trotzdem noch Lebensbereiche gibt, die aufgearbeitet werden müssen, damit Dämonen auch in Zukunft keinen Einfluss nehmen können. In der Seelsorge stellen wir aber immer wieder fest, dass es trotzdem noch Dinge gibt, die angegangen werden müssen, damit Dämonen keinen Einfluss auf uns nehmen.

> *„Zürnet, und sündigt [dabei] nicht! Die Sonne gehe nicht unter über eurem Zorn, und **gebt dem Teufel keinen Raum**."*
>
> (Epheser 4,26 – Hervorhebung durch den Verfasser)

Die Stillung des Sturms

Meine Beziehung zu Jesus ist im Laufe der Zeit immer intensiver geworden. Doch will ich damit nicht sagen, dass ich seitdem nur noch Hüpfen, Jubeln und Freude kenne. Ein so einseitiges Bild entspräche nicht der Wahrheit. Es gibt auch heute noch Zeiten der Bedrängnis, der Verfolgung, der Unruhe, einfach des Sturms. Aber heute durchlebe ich solche Situationen mit Jesus und mit der Kraft des Heiligen Geistes und habe es damit viel besser als jene Menschen, die Jesus nicht kennen. Ich habe gelernt und gesehen, dass Menschen ohne Jesus von ihren Problemen buchstäblich aufgefressen werden können – mit Jesus gehe ich durch die Probleme hindurch, bis ich die Probleme mit Hilfe des Heiligen Geistes selbst aufgefressen habe. In der Bibel gibt es ein gutes Bild dafür. Es ist die Stillung des Sturms in Lukas 8,22-25.

„Und es geschah an einem Tage, dass er in ein Boot stieg, er und seine Jünger; und er sprach zu ihnen: Laßt uns übersetzen an das jenseitige Ufer des Sees. Und sie fuhren ab. Während sie aber fuhren, schlief er ein. Und es fiel ein Sturmwind auf den See, und das Boot füllte sich mit Wasser, und sie waren in Gefahr. Sie traten aber hinzu und weckten ihn auf und sprachen: Meister, Meister, wir kommen um! Er aber stand auf, bedrohte den Wind und das Gewoge des Wassers; und sie legten sich, und es trat Stille ein. Er aber sprach zu ihnen: Wo ist euer Glaube? Erschrocken aber erstaunten sie und sagten zueinander: Wer ist denn dieser, dass er auch den Winden und dem Wasser gebietet und sie ihm gehorchen."

Im ersten Satz finden wir bereits vier wichtige Aussagen:

1. „An einem der Tage", es war also im ganz normalen Alltag.
2. Jesus stieg in ein Boot – dies war damals der Arbeitsplatz vieler Menschen.

3. Er stieg mit seinen Jüngern ins Boot – er ließ die Jünger also nicht allein. Jesus hat uns zugesichert, jeden Tag bei uns zu sein: „Und siehe, ich bin bei euch alle Tage bis zur Vollendung des Zeitalters“ (Matthäus 28,20).
4. „An das jenseitige Ufer des Sees.“ Jesus gab ein Ziel an. Als Gläubige brauchen wir nicht ziellos durch unser Leben zu treiben. Unser oberstes Ziel ist es, einmal im Himmel anzukommen und Gott von Angesicht zu Angesicht zu sehen. Aber auch im Alltag haben wir kurzfristige, mittelfristige und langfristige Ziele. Und Jesus begleitet uns durch den Heiligen Geist auch heute noch auf dem Weg ans Ziel.

Weiter heißt es: „Und sie fuhren ab.“ Dies klingt zwar einfach, ist es aber nicht. Wer kann von sich sagen, er mache sich sofort und ohne weitere Überlegungen und Zweifel auf den Weg, das zu tun, was Gott ihm gesagt hat. Viele Christen sind diesbezüglich noch immer sehr „abergläubig“. Wenn wir von Jesus einen Auftrag empfangen haben, sagen wir erst einmal: „Ja, aber …“ Es sollte doch wohl eher heißen: „Ja, Amen.“ Auch auf den Ruf „Geht hin in alle Welt …“ reagieren viele so. Ähnlich wie Mose sagen wir: „Ach, Herr, ich kann nicht. Sende doch wen du willst.“

„Und nun geh hin! Ich will mit deinem Mund sein und dich unterweisen, was du reden sollst. Er aber erwiderte: ‚Ach, Herr! Sende doch, durch wen du senden willst!‘“ (2. Mose 4,12+13).

Ich wünsche mir, dass wir lernen, wie Petrus zu reagieren.

Lukas 5,5: „Und Simon antwortete und sprach zu ihm: ‚Meister, wir haben uns die ganze Nacht hindurch bemüht und nichts gefangen, aber auf dein Wort hin will ich die Netze hinablassen.‘“ Dies ist ein gottwohlgefälliges „Aber!“.

Wenn Sie sich nun in einer Situation befinden, in der Sie von Zweifeln geplagt und angegriffen werden und Sie nicht wissen, wie Sie weitergehen sollen, dann setzen Sie den Zweifeln und Anklagen und damit auch dem Feind Gottes und Ihrer Seele dieses gottwohlgefällige „Aber“ entgegen!

Sagen Sie: „Ich weiß nicht, wie ich es machen soll, aber der Herr ist mit mir.

Mir ist meine Schwäche wohl bewusst, aber in dem Schwachen ist der Herr mächtig und stark“ usw.

Bewahren Sie sich also ein gehorsames Herz, unterstellen Sie alle Erfahrungen und menschlichen Meinungen der Autorität Gottes und antworten Sie dem Herrn immer, wie Petrus es tat: „Auf dein Wort hin …“

Weiter heißt es in der Geschichte: „Während sie aber fuhren, schlief er ein.“ Erschrecken Sie nicht. Jesus war Mensch auf dieser Erde.

„Aber er machte sich selbst zu nichts und nahm Knechtsgestalt an, indem er den Menschen gleich geworden ist …“ (Philipper 2,7).

Er konnte ganz normal erschöpft einschlafen. Geistlich aber wird Jesus nie die Situationen und Stürme Ihres Lebens verschlafen.

Und dann wird es richtig interessant. Ein Sturmwind kam auf und das Boot füllte sich mit Wasser – sie waren in Gefahr. Na, prima! Erst will Jesus, dass Sie ans andere Ufer fahren, und dann lässt er zu, dass Ihr Leben in Gefahr gerät. Kennen Sie diese Gedanken? Ich schon! Es ist ein auf den Menschen bezogenes (humanistisches), antigöttliches Denken. Wir meinen, Gott hat uns gefälligst auf Händen zu tragen, fern von jeder Gefahr und jeder Bedrängnis. Wenn wir uns schon bekehren und ihm dann auch noch die Gunst erweisen, ihm zu dienen, dann sind Wohlergehen und ruhige Umstände doch wohl das Mindeste, was wir erwarten können. Viele andere Menschen wollen schließlich nicht einmal etwas von ihm wissen, geschweige denn umkehren und ihm dienen.

Wer so denkt, sollte sich dringend mit dem Thema „Ehrfurcht vor Gott“ auseinandersetzen. Gerade eben aus Satans Rachen entrissen, stellen wir – statt dankbar zu sein – Bedingungen, wie es geschehen soll, dass wir von Gott vorgegebene Ziele erreichen. Aber wir sind ja auf dem Weg zur Heiligung. Sollten Sie sich mal wieder in einem solchen Sturm befinden, dann erinnern Sie sich doch besonders an das, was nun kommt:

Was die Jünger taten

Vermutlich haben sie erst versucht, das ganze Wasser mit Eimern oder Töpfen aus dem Boot zu schöpfen, bevor sie sich an Jesus wandten. Sie wollten doch den Meister nicht bemühen!

Gott hatte ihnen ja schließlich auch Verstand, Muskeln und Eimer gegeben, und im Volksmund heißt es: „Hilf dir selbst, dann hilft dir Gott!“, nicht wahr? Kommt Ihnen das bekannt vor?

An dieser Stelle erhielten die Jünger eine besondere Lektion in Seefahrt unter stürmischen Bedingungen nach dem Prinzip: Ein Eimer herausgeschöpftes Wasser wird ersetzt durch zwanzig Eimer von Wellen ins Boot gespültes Wasser. Gott sei Dank verstanden sie dieses Prinzip schnell und überprüften ihre Möglichkeiten mit folgendem Ergebnis: „Sie traten aber hinzu und weckten ihn auf und sprachen: ‚Meister, wir kommen um!‘“ (Lukas 8,24).

Sollten Sie sich in einer ähnlichen Situation befinden, dann beenden auch Sie Ihre Selbstbefreiungsversuche und wenden Sie sich an Ihren Meister.

Dann stand Jesus auf, beruhigte das Wasser und den Sturm, und es wurde still – das bedeutet Ruhe! Warum stand er eigentlich auf? Er ist doch Gottes Sohn. Ich bin sicher, er hätte nur ein Wort zu sagen brauchen, ohne einen Finger zu krümmen, und der Sturm hätte sich auch so gelegt. Aber Jesus stand auf, um Ihnen und mir zu zeigen, dass er inmitten unserer Stürme persönlich für uns aufsteht.

In Lukas 8,25 lesen wir weiter: „Er sprach zu ihnen: ‚Wo ist eurer Glaube?‘ Er fragte nicht, „wo war euer Glaube?“. Anschließend heißt es im Text: „Erschrocken aber erstaunten sie und sagten zueinander: ‚Wer ist dieser, dass er auch dem Wind und dem Wasser gebietet und sie ihm gehorchen?‘“

Jesus sah in die erstaunten, fast schockierten Gesichter der Jünger. Mit dieser plötzlichen Hilfe scheinen sie nicht gerechnet zu haben. Sie werden es ähnlich erleben. Jesus holt Sie aus Ihrem Sturm heraus und Sie werden staunen. Vielleicht haben Sie gerade geglaubt, den Herrn Jesus schon gut zu kennen; wenn er aber Ihr persönliches Wunder vollbringt, werden Sie feststellen, wie wenig Sie wirklich von ihm wussten. Mit jeder Erfahrung dieser Art lernen Sie eine Lektion, mit der Sie den nächsten Sturm besser durchstehen können. Sie werden geistlich wachsen und irgendwann den Punkt der Mündigkeit im Glauben erreichen, an dem Satan Sie durch nichts und niemanden zu Kompromissen gegenüber Gottes Wort und Willen bringen kann. Ihre Freude und Ihr Friede wird für den Feind unantastbar sein. Auf diese Weise habe ich persönlich gelernt, mit Sturm, Bedrängnis und Problemen umzugehen und sie mit Jesus und der Kraft des Heiligen Geistes zu besiegen.

Als Moslem glaubte ich, Probleme seien von Gott geschickte Schicksalsschläge und man könne sie nur über sich ergehen lassen. Ich hatte keine Hoffnung und kein Vertrauen. Inzwischen weiß ich, dass man als Christ mit der Hilfe und dem Eingreifen Gottes in notvollen Situationen rechnen darf – in der festen Gewissheit, dass der allmächtige Gott selbst die Ruder unseres Lebens liebevoll in seiner Hand hält!

Geben Sie es weiter

Sie haben in diesem Buch am Beispiel meiner persönlichen Begegnung mit Jesus Christus gesehen, dass es möglich ist, dass Menschen in der Tiefe ihres Herzen verändert werden – allein durch den Glauben an Jesus. Mein Gebet ist, dass der Herr mit Hilfe dieses Berichtes seine Beziehung zu Ihnen vertieft. Wenn Sie sich dazu entschlossen haben, mit Jesus zu leben, dann denken Sie immer daran: Sie sind errettet, aber die meisten Menschen in Ihrer Umgebung sind es nicht. Menschen aus allen Kulturen und mit unterschiedlichsten Prägungen haben alle nur zwei Alternativen: mit Jesus in das Reich Gottes und ohne ihn in die Hölle, die ewige Trennung von Gott. Deshalb verschweigen Sie Ihre Beziehung zu Gott nicht, leben Sie für alle sichtbar als jemand, der Jesus nachfolgt. Reden oder schweigen Sie entsprechend dem, wie der Herr Sie von Situation zu Situation leiten wird. Zum Schluss gebe ich Ihnen den Text eines Liedes mit auf Ihren Weg mit Gott, der für mich eine echte Herausforderung darstellt.

Refr.:
Steh auf, steh auf, mach dich bereit.
Steh auf, steh auf, nimm ein dein Land.
Steh auf, steh auf, es ist so weit.
Steh auf, steh auf und bete an.

Wie kannst du ruhig bleiben,
wenn Sein Feuer brennt?
Wie kannst du ruhig bleiben,
wenn die Welt in die Hölle rennt?
Wie kannst du ruhig bleiben,
wenn Ihn kaum einer kennt?
Wie kannst du ruhig bleiben,
wenn niemand Seinen Namen nennt?
Wie kannst du ruhig bleiben,

wenn die Gemeinde schläft?
Wie kannst du ruhig bleiben,
wenn niemand mit Ihm geht?

Wie kannst du ruhig bleiben,
wenn Seine Liebe fließt?
Wie kannst du ruhig bleiben,
wenn Sein Wasser sich ergießt?
Wie kannst du ruhig bleiben,
wenn Er dich berührt?
Wie kannst du ruhig bleiben,
wenn du Seine Gnade spürst?

(Text: Fred Drewes)

Gott, dem Vater aller Menschen, die Jesus nachfolgen, Jesus Christus, dem Sohn Gottes, und dem Heiligen Geist gebührt alle Ehre, Dank und Anbetung von Ewigkeit zu Ewigkeit … Amen!!!

Liebe Leserin, Lieber Leser,

wenn Sie Fragen bezüglich der Aussage des Buches oder über den christlichen Glauben haben, wenden Sie sich bitte schriftlich an die folgende Adresse:

Leuchter Edition GmbH,
Postfach 1161, 64386 Erzhausen, Fax (0 61 50) 97 36 - 36

Zuschriften an den Autor leiten wir auf Wunsch gerne weiter.

Bücher zum Thema Islam und Mission unter Muslimen

Bouman, Johan, Christen und Moslems. Gemeinsamkeiten und Unterschiede. Brunnen Verlag: Gießen, 1995 (Kurzer Vergleich zwischen Christentum und Islam)

Goldsmith, Martin, Islam und christliches Zeugnis, C. M. Fliß Verlag: Hamburg, 1993 (Anleitung zum Zeugnis unter Muslimen)

Johnstone, Patrick, Gebet für die Welt. Hänssler Verlag: Neuhausen, 1993 (Gebetshandbuch für jedes Land der Erde)

Johnstone, Patrick, Viel größer als man denkt. Auftrag und Wachsen der Gemeinde Jesu. Hänssler Verlag: Holzgerlingen 1999 (Ein ermutigender Überblick über das Wachstum der Gemeinde Jesu weltweit, über Missionsstrategien für Gemeinden, Missionswerke und Ausbildungsstätten, damit Gottes Ziel erreicht wird und alle Völker das Evangelium hören)

Khoury, Theodor Adel (Übers.), Der Koran, Gütersloher Verlagshaus: Gütersloh 1987 (Gut lesbare, wissenschaftliche deutsche Koranübersetzung)

Livingstone, Greg, Gemeindegründung in der islamischen Welt. Brunnen Verlag und Frontiers: Gießen und Rheineck, 1996 (Praxishandbuch für Gemeindegründungsteams in der islamischen Welt)

McCurry, Don, Die Heilung der zerbrochenen Familie Abrahams. One Way Verlag: Wuppertal, 1996 (Beispiele für kulturell angepaßte Evangeliumsverkündigung im islamischen Kontext)

Musk, Bill, Das unbekannte Gesicht des Islam. Verlag der Francke-Buchhandlung: Marburg, 1992 (Darstellung des Volksislam und seiner Erscheinungsformen im Alltag)

Schirrmacher, Christine, Der Islam 1 & 2. Geschichte, Lehre, Unterschiede zum Christentum. Hänssler Verlag: Neuhausen, 1994 (Ausführliche Darstellung des Islam mit detailliertem Vergleich von Christentum und Islam)

Troeger, Eberhard, Kreuz und Halbmond. Was Christen vom Islam wissen sollten. R. Brockhaus Verlag: Wuppertal, 1996 (Darstellung islamischen Glaubens und Lebens, Anstöße zum Zeugnis unter Muslimen)

Zaidan, David, Die fünfte Säule. Wie einer Frieden fand. Hänssler Verlag: Neuhausen, 1995 (Bekehrungsbericht eines Muslims aus den Golfstaaten)

Zschaler, Wolfgang; Othman, Ali (Hg.), Gesprengte Brücken. Muslime *wählen Jesus. Ortrud Karoui Verlag: Frankfurt 1992 (Bekehrungszeugnisse von Muslimen)*

Granum Sinapis

Den Menschen das Evangelium bringen!

Granum Sinapis ist lat. und heißt Senfkorn. Dahinter steht der Gedanke, dass man nicht viel besitzen muss, wenn es darum geht, anderen Menschen die ***Liebe Gottes*** zu bringen.

Wichtig ist, dass jeder von uns gern einsetzt, was er kann und hat.

Glaube, Gaben und Talente, so groß wie ein Senfkorn, reichen aus, um die Botschaft von Christus in Wort und Tat der ganzen Welt zu bringen.

Wir bringen Gottes Liebe in Wort und Tat zu den Menschen, angefangen von der eigenen Umgebung, bis hin zur ganzen Welt.

Dies tun wir durch das Predigen des erlösenden und heilenden Evangeliums Christi und durch diakonische Dienste, wie z. B. Hilfsgütertransporte.

Da wir ein recht junges Missionswerk sind, ist unsere Vision noch viel höher, als das, was wir bislang verwirklicht haben.

Mit Ihnen kommen wir sehr viel weiter ...

Lassen Sie es sich selbst etwas kosten, Verlorene gerettet zu sehen, indem Sie uns durch verschiedene Möglichkeiten unterstützen.

Wie können Sie das tun?

1. Durch Gebet

Sie können sich in die Rundbriefliste von Nassim Ben Iman eintragen und erhalten dann regelmäßig von Nassim E-Mails mit Gebetsanliegen, Berichten von Evangelisationseinsätzen, Freundesbriefe und allgemeine News. Schreiben Sie eine kurze E-Mail mit der Bitte, in die Rundbriefliste aufgenommen zu werden, an:

info@granum-sinapis.com

2. Werden Sie unser Missionspartner

Es gibt immer wieder neue Projekte und Reisen in die unterschiedlichsten Länder. Alles was wir tun ist auf ein Ziel gerichtet: Jesus die Ehre zu geben und Menschen wiedergeboren, geheilt und befreit zu sehen. Wenn Sie als unser Missionspartner einmalig oder regelmäßig eine Spende mit dem Verwendungszweck „Missionsprojekte" tätigen, dann müssen künftig keine Evangelisationsreisen abgesagt oder wichtige Missionsprojekte gestrichen werden.

Einen fröhlichen Geber hat Gott lieb.

3. Werden Sie Nassims persönlicher Partner

Sie können durch Ihre regelmäßige Spende dazu beitragen, dass Nassim den Dienst als Evangelist weiter ausführen kann. Wenn Sie eine Spende mit dem Verwendungszweck „Familie Ben Iman" tätigen, wird Ihre Spende zum Lebensunterhalt für Nassim und seine Familie eingesetzt.

Trotz des großen Bekanntheitsgrades von Nassim Ben Iman ist dieser Schritt, einen persönlichen Unterstützerkreis aufzubauen, leider noch nicht abgeschlossen.

Der Herr sieht Ihre Hilfe!

Nassim Ben Iman

Nassim Ben Iman wurde in einem arabischen Land geboren. Schon im Kindesalter zog er mit seiner Familie nach Deutschland. Nassim war sowohl in seiner arabischen Heimat als auch in Deutschland praktizierender Moslem.

Durch gläubige Freunde lernte er als junger Mann Jesus Christus kennen und nahm ihn als persönlichen Erlöser an. Heute lebt und arbeitet er als vollzeitlicher Evangelist in verschiedenen Nationen, darunter auch moslemisch-arabische Staaten. Ferner dient er auch als Prediger in vielen christlichen Gemeinden in Deutschland.

NBI-Vorträge

Nassim Ben Iman hält neben Seminaren mit biblischen Themen, Evangelisations- und Predigtdiensten auch Vorträge zu folgenden Themen:

- **Islam und Christentum im Vergleich.**
- **Was lehrt der Islam wirklich?**
- **Wie kann ein Christ einem Moslem das Evangelium bringen?**

Haben Sie Interesse, Nassim einzuladen, dann schreiben Sie bitte eine E-Mail an: info@granum-sinapis.com

GSG9

GSG9 steht für Granum Sinapis Gebetsgruppe Nr. 9.

Das ist eine Gebetssondergruppe, die aus ausgewählten Personen besteht, welche sich bereit erklärt haben, spezielle Gebetspartner zu sein.

Wer kann ein GSG9-Partner werden?

Christen, die eine Gebetsberufung haben und die bereit sind, zu jeder Tages- und Nachtzeit bei akuten oder besonderen Gebetsanliegen kontaktiert zu werden.

Was sind besondere Gebetsanliegen?

Freunde oder Mitglieder werden verhaftet (das kommt speziell in solchen Ländern vor, wo das Missionieren verboten ist), sonstige bedrohliche Situationen für Nassim oder andere Mitstreiter, Gebetsanliegen, die nicht öffentlich (durch die allgemeine Rundmail-Liste) bekannt gemacht werden können.

Die GSG9-Partner nehmen auch an der „24-Stunden-Gebetskette" teil, welche unregelmäßig, nach Absprache (z. Z. eher selten) durchgeführt wird.

Möchten Sie GSG9-Partner werden?

Dann schreiben Sie bitte eine E-Mail mit der entsprechenden Bitte an:

info@granum-sinapis.com

Kontakt

Granum Sinapis e.V.
Nassim Ben Iman
Postfach 1224
29652 Walsrode

Telefon: 0173-9389075

E-Mail: info@granum-sinapis.com

Unser Motto

Es ist kein Preis zu hoch, wenn es darum geht, den Verlorenen das Evangelium zu bringen!

Besuchen Sie unsere Seite im Internet und schauen Sie sich dort interessante Bilder aus dem Missionsfeld an oder lesen Sie die atemberaubenden Berichte.

www.granum-sinapis.de

Spendenkonto

Granum Sinapis e.V.
Kreissparkasse Walsrode
BLZ: 251 523 75
Konto: 8 181 158
Verwendungszweck:
Ben Iman (wenn für Familie Ben Iman)
oder Missionsprojekte

IBAN: DE05 2515 2375 0008 1811 58
BIC: NOLADE21WAL